AJEDREZ
100 SONETOS

(2ª EDICIÓN del poemario Ajedrez 88
sonetos)

Selección y presentación de:
Josep Mercadé Riambau

EDITORIAL

Poesía...
eres tú.

Ajedrez 100 Sonetos

Primera Edición 2024
© Josep Mercadé Riambau 2024

© Editorial Poesía eres tú.
http://www.poesiaerestu.com
C/Dr. Fleming Nº50, 4ºD
28036 Madrid
Teléfono: 34 91 345 38 17
Fax: 34 91 350 80 54

ISBN: 978-84-18893-89-6
Depósito Legal: M-26800-2024

AJEDREZ
100 sonetos

(2ª EDICIÓN del poemario Ajedrez 88 sonetos)

Selección y presentación de Josep Mercadé Riambau

"Bien podría decirse que el soneto es como una partida de ajedrez que el poeta tiene que jugar a corazón abierto, y el ajedrez es un trasunto metafórico de todas las glorias y miserias humanas".

(David Coll, en el prólogo del libro de Francisco Delgado-Iribarren Cruz, *Este juego es infinito. 64 sonetos ajedrecísticos,* Ed. Poesía eres tú, Madrid, 2020.)

1. INTRODUCCIÓN A ESA ANTOLOGÍA Y SUS SONETOS

1.1 Sobre esta antología

Llevo treinta años investigando el tema del ajedrez en la literatura. La gran riqueza metafórica y simbólica del juego, la conveniencia de plasmar las tensiones de esa incruenta batalla y su prestigio intelectual han fascinado a tantos escritores que ha generado más obras literarias que el resto de juegos y deportes juntos.

Los miles de documentos y libros (1) acumulados en mi biblioteca han ido creciendo como si se tratara de la famosa multiplicación de los granos de trigo del sabio Sissa. Un tanto abrumado por ello, he aparcado, de momento, la redacción en curso del ensayo general sobre el tema para ceñirme a un proyecto colateral mucho más asequible: una antología poética que recogerá los más bellos poemas sobre el juego de reyes, desde Omar Kayyam y Ibn Ezra, pasando por el *Scacchia ludus*, los *Escachs d'Amor* i *Adone* hasta las poesías de Kavafis, Pesoa o Borges.

Al trabajar en esa antología, comprobé que una rama de ella iba creciendo hasta formar un bello ramillete que podía constituir otro librito aparte: así nació *AJEDREZ 88 sonetos*. La publicación posterior de poemarios de sonetos ajedrecísticos muy interesantes, como *¡Ajedrez!* de Juan Orozco Ocaña y *Andrés y la Celada* de Enfero Carulo y Luis María Pérez, entre otras razones, me han animado a pedir a mi editor la ampliación de dicha antología que pasa, en esta segunda edición, a los 100 sonetos.

No es el momento de profundizar en esa estrofa de origen italiano, tan cultivada por todos nuestros grandes poetas que se ha convertido en la estrofa culta más utilizada por ellos. Dos cuartetos y dos tercetos de versos endecasílabos consonantes configuran una estrofa perfecta, capaz de "contener todo tipo de pensamiento poético y todo tono de éste," (2) un silogismo poético de ritmo ascendente que acostumbra a desembocar en la brillantez del último verso.

Un tratado de retórica precisa que este único pensamiento que acostumbra a contener el soneto "se ha de desarrollar por grados y con interés siempre creciente, sin dejar entrever el desenlace, hasta el último terceto, para que así se mantenga vivo el interés y el final cause sorpresa." (3)

No es descabellado, por ello, comparar el desarrollo de la escritura de un soneto con el de una partida de ajedrez.

Hablando de esa estrofa, Blas de Otero menciona el juego de los escaques i Christian Morgensen, en el único soneto alemán de esa antología, lo subraya:

> Dem edlen Schach vergleich ich das Sonnet,
> Eröffnung, Aufbau, Mittel-, Endspiel-traun,
> das alles ist so hier wie dortt zu schaun, (...)
> Comparo el Soneto con el noble Ajedrez,
> Apertura, Construcción, Transcurso, Conclusión,
> todo se puede encontrar igual aquí y allá,(…)

Así que podríamos aventurarnos a afirmar que, en líneas generales, el primer cuarteto se correspondería con la apertura de la partida, el segundo cuarteto y el primer terceto con el juego medio y el segundo terceto con el final de la confrontación, terminando a veces con un contundente último verso que equivaldría al jaque mate.

Vayamos a esta antología y a su configuración.

La gran cantidad de los sonetos que atesoraba me permitieron ofrecer 88 de ellos, en una primera edición, que he ampliado a 100 en esa segunda, para degustación de los aficionados al ajedrez y a la literatura.

Para no abusar de la autoría ajena, me prohibí aportar más de dos sonetos del mismo autor en la primera edición. Al ampliarla, los poetas Mariano Shifman, Pedro Pérez Vecina, Felipe Neri, Martín Marcos, Francisco Delgado-Iribarren, y el tándem Enfero Carulo-Luis María Pérez han proporcionado tres sonetos cada uno.

La mayoría son en castellano (55), aunque hay una notable presencia de sonetos en italiano (19), debido, en parte, a la costumbre de incluir poemas panegíricos dedicados al autor como presentación de los tratados itálicos de los siglos XVI y XVII.

Hay también bastantes sonetos en inglés (13), siete en catalán (4), tres en francés, uno en ruso, uno en alemán y otro en portugués.

La desigual presencia de sonetos de las distintas lenguas se debe, sobre todo, al hecho de que las literaturas castellana, italiana y catalana son las que más han utilizado esta estrofa.

En esta segunda edición, he subsanado dos errores inexcusables que me advirtió Jesús Cabaleiro Larrán en la reseña de mi libro. (5)

También he añadido la traducción que faltaba del segundo terceto del soneto 34 de Christian Morgenstern.

El libro está dividido en cuatro apartados. En el primero, el más extenso, los sonetos describen qué es el ajedrez, (6) sus piezas y la batalla ajedrecística.

El segundo plantea aspectos metafóricos del juego. Dejando aparte la metáfora de la guerra, que siempre está presente, se aborda su comparación con la vida, la relación amorosa vinculada con la contienda ajedrecística y su uso para expresar el jaque mate de la muerte.

En el tercer capítulo, los poemas dibujan el perfil del jugador de ajedrez, el de algunos jugadores famosos, y los dedicados al panegírico de algunos de ellos, con frecuencia como prólogo de sus tratados.

La antología termina con algunos sonetos lúdicos, considerados así por el virtuosismo de su rima, por ser utilizados como adivinanza, por escribirse mediante un acróstico, o por parodiar, en su ejecución, el famoso soneto de Lope.

Esta clasificación es un tanto arbitraria y algunos de los sonetos podrían figurar en más de un apartado, como se indicará en las notas correspondientes.

En poesía, el contenido no puede disociarse de su forma, no se puede resumir un poema. Pese a ello, me he atrevido a compendiar algunas ideas que se concentran en esos sonetos, explicación de la que puede prescindir el lector que prefiera encararse directamente a ellos sin *spoilers* que les desvelen su contenido.

1.2. El ajedrez

1. 2. 1. ¿Qué es el ajedrez?

Los sonetos que describen el ajedrez lo presentan como una guerra mental que enfrenta a dos colores en igualdad de condiciones. Si la real es horrenda, aterradora y entristece, la ajedrecística es jovial, encantadora y alegre, sin plomo, sangre ni heridos.

Un juego que perdura en el tiempo y seguirá creciendo eternamente, que apasiona a viejos y jóvenes, a ricos y pobres,

(7) que nutre el espíritu, es madre del pensamiento brillante y puede jugarse en una cálida atmósfera con la tranquilidad de saber que el que ha perdido en el juego goza de otras oportunidades.

Sin embargo, también puede embrujar, como un pérfido maleficio que provoca la pérdida de tiempo.

No hay suerte en él, por ello perder es a veces más doloroso.

Juego monárquico, traído de Oriente, que nos enseña que el rey, sin el apoyo de sus súbditos, no puede subsistir. También muestra que, cual piezas del juego, en la vida todos tenemos nuestro rango que se iguala tras la muerte, como ya decía Omar Kayyam, y que las jugadas que hagamos en ella condicionan nuestro futuro.

Alejandro Salvio, que había comparado las fases de una partida con las partes de una tragedia, resume, en un espléndido verso, qué es el ajedrez:

Guerra, schermo, duel, tragedia e gioco.

¿Cuál es la razón de que esta ciencia, arte o juego, puente que une las culturas del planeta, apasione tanto? No la hay, hay que buscarla en el país de los sueños, dice Marco Martos.

1.2.2. Las piezas

Las piezas del juego son nombradas en muchos de los sonetos. Algunos de los primeros del capítulo precedente sólo las enumeran pero otros las califican: torres homéricas, que bombardean y que causan estragos; ligeros caballos, con su florón, que brincan en armonía; oblicuos alfiles que miran de soslayo, cual obispos locos que avanzan a traición, (8); los peones agresores, fieros y pequeños soldados que siempre miran al frente; la armada reina, que domina todo el campo y el rey postrero, un monarca aburrido, que es quien manda pero que no puede subsistir sin sus súbditos.

En este apartado, dedicado íntegramente a las piezas, el soneto de William Warner las describe en su conjunto en plena acción: los peones avanzan de dos en dos, el alfil con su lanza, el caballo saltador empuñando su espada, la concienzuda torre aguardando su momento, la dama, líder en la refriega, y el rey, que da sentido a esa lucha, pues la guerra simulada se pierde si él cae.

A la dama se dedican los sonetos de Eliseo Diego, que la increpa: "¿...no es tu solo descanso la violencia, / tu argumento mejor tu poderío?". Y el de Miguel Arteche, que nos habla de una misteriosa dama que "tiene todo el temblor de la hermosura," descubriéndonos en el último verso que se trata de la del ajedrez.

El alfil es descrito por Eliseo Diego aludiendo al origen indio de la pieza (elefante) y a su nombre inglés y se pregunta cómo "ese gigante" pudo parar en una ligera pieza tan afinada y elegante.

Y a los peones dedica Pedro Pérez Vecina el soneto 22, con una hermosa enumeración de metáforas que concluye que "en todo hombre habita un duende con alma de peón".

Hay otro dedicado al rey de ajedrez de Francisco N. Lallana, sin alusión explícita al juego, pero con ampulosos y hermosos versos octonarios (hexadecasílabos).

El libro *¡Ajedrez!* de Juan Orozco Ocaña (9) nos proporciona sendos sonetos dedicados a las dos piezas que nos faltaban en la primera edición: el caballo y la torre, aunque las señas ajedrecísticas son poco visibles en ellos.

Hemos incluido un soneto ruso de Nabokov en ese apartado pues parece aludir a "todas las piezas ordenadas en consonancia" para crear, en una mágica noche, un problema de ajedrez que, según él son su poesía.

1.2.3. La batalla ajedrecística

En la revista francesa *Le Palamède* (1836-1847) encontramos largas poesías que describen con precisión las jugadas de algunas famosas confrontaciones ajedrecísticas de la época.

Hay otros grandes poemas mitológicos, mucho mejores literariamente, como *Scachs d'Amor*, de los valencianos Francesc de Castellví, Bernat Fenollar y Narcís Vinyoles, *Szachy* de Jan Kochanovski o *Les Échecs* del abate Román (10) en los que también podemos rastrear el transcurso de una partida.

Sin embargo, otros largos poemas alegóricos, como los de Vida, Cerutti o Ducchi también describen una mitológica partida pero, en ellos, "on ne reconnoit point la partie et les différents combinaisons du jeu sont décrites sans suite ni liaison," (11) les reprocha el abate Román.

Reproducir una partida entera es imposible en el corto marco de un soneto, que necesariamente sólo apuntará momentos álgidos del juego.

De los comprendidos en este capítulo, dos relatan dos partidas reales: el 30, en el que Alejandro Salvio reseña cómo fue retado por otro gran jugador amigo suyo que, creyéndose ganador con un atrevido gambito, fue derrotado. Y el 32, que describe una famosa partida de la historia del ajedrez, conocida como el mate de Legal.

Posiblemente también tuvo lugar la del soneto 31, escrito desde una posición de admiración hacia el maestro con el que ha jugado.

Otros parecen describir una batalla real, con todo el fragor de la contienda:

El 33, con enroque y una rendición final; o el 35, con una dramática exclamación postrera del rey blanco implorando una imposible salvación.

Relegando el tono épico, tras la citada comparación del ajedrez y el soneto, el poema 34 describe en primera persona un encuentro con victoria final del que narra.

Otra partida pintada hiperbólicamente ("morían por centenares y por miles") también termina con la derrota de las piezas blancas pero con la esperanza de resarcirse en otra batalla.

Otra contienda es la del soneto 36, con dominio también de las negras, aunque deja entrever que, a lo mejor, se producen tablas por jaque perpetuo ("un jaque y otro jaque. Era la ley.")

Otra lid ajedrecística nos pinta el soneto 38, en la que comparecen progresivamente peones, alfiles, torres y, a petición del rey, entra en combate la reina que da el mate.

El amable soneto de Lobo Mora, que lo concibe como un homenaje a Borges, enfrenta al rey cristiano con el califa moro que es vencido también por obra de la dama blanca.

También en tono realista y en primera persona, el 40 nos traza las sensaciones de un jugador al inicio de una partida que no va más allá de la apertura.

El desolado soneto 41 de Josep Fábrega es el único de temática ajedrecística de su poemario y, sin embargo, proporciona el título a su libro.

En fin, los preciosos sonetos 42-43 y 44 de Enfero Carulo (seudónimo de Alicia Ruiz) y Luis María Pérez ilustran tres movimientos de una partida de 1972, jugada entre el padre de Alicia y Carlos Seguí. en la que el primero sacrifica la dama para dar mate en la siguiente jugada. Se trata de la jugada 7ª de las blancas, la 19ª de las negras y la 32ª de las blancas, penúltima de la partida, comentada toda ella con sendos sonetos.

1.3. Metáforas del ajedrez

1. 3.1. Comparación con la vida

Francesco Bracciolini (1566-1645)(12), en el cuarto soneto de los dedicados a la muerte de Lena Fornaia, expone: La Fortuna ordena las piezas "su lo scachier di questa nostra vita", se desarrolla la confrontación con desigual fortuna para unos y otros y, tras la partida, todos van a parar al mismo saco igualatorio, de larga tradición literaria, situándose Lena Fornaia por encima del emperador Carlos Quinto. (13)

En el soneto 46, correspondiente al LXX de sus *Rimas sacras*, Lope de Vega lanza un perentorio jaque a la peste, jugando con la homonimia del nombre de Roque, el santo invocado contra ella.

El oponente es el negro alfil del demonio que pretende impedir nuestra salvación eterna.

Además del ajedrez a lo divino, Lope juega con la rima monocorde en –que.

El soneto 48 también refleja esta lucha interna del hombre, entre su conciencia y su deseo, que está librando una partida de ajedrez contra sí mismo, (14) en la que se juega su alma teniendo como árbitros al ángel y al demonio.

Prescindiendo, quizá irresponsablemente, de algunos versos del poema 47 que nos parecían irrelevantes, la poesía resultante, ya parecida a un soneto, nos aconseja afrontar la partida de ajedrez de nuestra vida ágil y certeramente. Hay que actuar con astucia y ser sabios como un búho y agresivos como un buitre, dejándonos de romanticismos en esa partida fútil.

El 50, de Héctor Óscar Santos, incide en la regla de tener que jugar la pieza tocada, es decir, que "no se puede actuar y pensar luego" pues las consecuencias son irreparables, ya que "en ajedrez lo mismo que en la vida / lo que ya se jugó no va de nuevo".

En el siguiente, el poeta nos invita a aprender de las derrotas y a afrontar la vida con valentía haciendo frente a todos los problemas que nos presente. El ajedrez no aparece explícitamente, pero subyace en todo el texto.

El soneto 52, del laureado poeta escocés Don Paterson (1963), es misterioso e inquietante. Parece moverse en un mundo surrealista en el que, como en una película de suspense, un incauto personaje recibe un jaque mate mortal, "el silencioso coletazo".

También pesimistas son las perspectivas del reino del soneto 49, que ha entrado en bancarrota y está en manos del banquero prestamista Shylock Pawn (15). El simulacro de rey de ajedrez acorralado ha despilfarrado su patrimonio y, sin embargo, no se lamenta y sigue derrochando.

En el soneto 55 asistimos también a un desmoronamiento, en este caso personal. El paso del tiempo ha hecho estragos, cada pieza de este ajedrez vital se ha resquebrajado y sólo subsisten el rey y la reina (quizá un matrimonio de ancianos) sustentados por su amor, en un "abrazo eterno".

En el 53, del poeta obrero Ernesto Bustamante, presenciamos una arenga dirigida a la clase obrera, los peones de ese ajedrez social, para que luche y supere los obstáculos que le pone la "maldita burguesía" en su objetivo de obtener "una vida verdadera".

El 54 nos habla de la jubilación en términos ajedrecísticos que relatan los jaques, las penalidades sufridas hasta aquí. En él, es clara la influencia de los sonetos de Borges.

Finalmente, el poeta y arquitecto Joan Margarit nos cuenta, en el soneto 56, su vida y sus valores en su lúcida madurez y afirma que piensa vivirla como si transcurriera en un tablero de ajedrez, consciente de que está jugando.

1.3.2. La confrontación amorosa

Empezamos el recorrido de la utilización del ajedrez para la expresión amorosa con el delicado soneto 57, puesto en boca de una joven enamorada de finales del XIII, que regalaría a su amado todo lo que le apeteciera y, si jugara al ajedrez, cuantas torres y caballos necesitara para vencer a su oponente.

El siguiente nos retrata a un jugador perdidamente enamorado de su dama que sabe utilizar todos sus encantos, transmutados metafóricamente en piezas de ajedrez y, como aquejado del *bendito sufrimiento* de un trovador provenzal, sólo espera que no deje de darle jaque.

Sentimiento contrario muestra el burlesco y misógino soneto 59 del Rector de Vallfogona, que desdeña el acoso de esa "dama de escac" sin querer entrar en su juego. Aquí el ajedrez viene propiciado por la rima en K de todo el soneto.

El clérigo cisterciense e historiador portugués Fray Bernardo de Brito (1569-1617), el único representante de la lírica portuguesa en esta antología, presenta al amor como el que tiene subyugadas a todas las piezas mayores (Rey) y menores (Peón), pues todas sirven a la Dama.

El hermoso soneto 61 crea una correlación entre las armas de la conquista amorosa (pensamientos, obra, voluntad, esperanza, celos, temor, deseo, placer, alma) y las piezas del ajedrez (peones, torres, caballos, alfiles, dama, rey), con mate final a ese amor a cargo de la dama y el caballo.

Más sosegado es el amor de Mirón y Phania que, tras una vida de amorosa convivencia acompañados del ajedrez, son felicitados acrósticamente por sus amigos con motivo de sus bodas de plata.

El 63, un tanto intrincado, nos presenta una partida jugada por una mujer decidida y calculadora a la que, un tanto atemorizado, su compañero se decide finalmente plantarle cara.

Enrique Díez-Canedo, en su *Partida de ajedrez,* nos presenta una seria confrontación, jugada con una altiva dama de la que está prendado, y que le da el mate con sus "negros ojos, como dos alfiles".

El 65 constata la total compenetración amorosa de una pareja a los que, al jugar al ajedrez y en el tablero de la vida, no les importa quién vence, pues los dos ganan y pierden a la vez.

Simpática la partida descrita por Carlos Murciano, con cierto humor y jugada en un clima cordial con su amada, en la que él, por supuesto, recibe el mate.

Seguimos con un soneto que recibió Linda Palmer en el que un amigo ¿enamorado? evoca sus encuentros ajedrecísticos con ella, a veces un tanto desconcertantes.

En la alegre *Juguesca* de Gerard Vergés, el poeta anota la facilidad con la que va ganando la apuesta que tendrá el premio de la entrega amorosa de su amada y llega a preguntarse si ella no se ha dejado ganar.

La literatura catalana cuenta con otros sonetos amorosos de Jaume Vidal Alcover y de Guillem d'Efac en los que asoma el ajedrez: "la benaurança de fer taules, jugant als bells escacs d'amors".

El capítulo concluye con dos de los bellos sonetos del poemario de Francisco Delgado-Iribarren, que utiliza las piezas de ajedrez, recopiladas en el verso final, para constatar su desengaño amoroso. Desengaño que describe también magistralmente mediante la contraposición de las piezas blancas y negras, en el poema añadido en esta segunda edición, y en los sonetos que sitúa en las casillas, H5, A6, B6, C6, D6, y F6.

1.3.3. El ajedrez y la muerte

Cuando hablamos de ajedrez y muerte nos viene a la memoria las famosas escenas de *El séptimo sello* de Ingmar Bergman en las que un caballero medieval juega con la Parca. Bergman se inspiró en una pintura al fresco de la iglesia sueca de Täby de finales del XV, obra de Albertus Pictor, en la que un esqueleto, la muerte, juega al ajedrez. (16)

El gran sonetista Blas de Otero, tras el paso de los años, ve asomar a la muerte "en el tablero del azar cautivo" y acepta tranquilo el envite "del tiempo presuroso".

Carilda Oliver evoca con cariño y dolor a su padre, que ha recibido el mate de la muerte, y quisiera recobrarlo viéndolo jugar de nuevo al ajedrez.

Luís García Arés (Ávila 1934-2013), escritor y editor, autor de poemarios religiosos, se enfrenta con la muerte, que siempre nos gana la partida, con el consuelo de pervivir en sus cuatro hijos (peones) que le ha proporcionado su amada esposa Beatriz.

María Mercè Marçal, tiene dos poemas, en los que habla de la muerte, que son muy pesimistas. En ese soneto 74 siente que la muerte le ha dado un jaque mate inexorable en el marco de un desmoronamiento angustiante,

1.4. Los jugadores

1.4.1. ¿Cómo es un jugador de ajedrez?

El primero de esos sonetos (75) nos presenta al jugador, tan concentrado y ensimismado en el juego, que no existe para él nada que no sea el tablero, su única diosa, mujer y amante.

El segundo (76) nos muestra el juego del ajedrez como refugio placentero del que siempre podemos aprender algo nuevo y enriquecer el espíritu con los maravillosos amigos que son sus piezas.

Fernando Arrabal, en cuya obra literaria y artículos está muy presente el juego (17), tras comentar la última partida entre Fabiano Caruana y Magnus Carlsen por el Campeonato del Mundo, parece improvisar un soneto en el que explica los pasos dados como jugador. Al igual que Fischer, detesta las tablas y está interesado en subir su "elo" pero, en ocasiones, se ve arrastrado también más irracionalmente por la pasión ajedrecística.

El soneto 78, en fin, parodia al ajedrecista que, cual pensador de Rodin, está inmerso en el juego, dubitativo y cavilando unos movimientos ofensivos o defensivos geniales … que no llega a realizar nunca.

Termina el apartado con el soneto 79 de Felipe Neri que da una serie de consejos a un jugador como si estuviera contemplando su contienda.

Fuera han quedado otros sonetos que describen con acierto a los jugadores, como "Los amantes de Caissa" de Mariano Shifman:

> Inconmovibles, pétreos, siempre mudos,
> nada parece haber que los trastoque,
> excepto una incursión contra su enroque,
> que los torna, si cabe, más ceñudos. (…), (18)

1.4.2. Retratos de grandes jugadores

Este apartado hubiera sido, quizá, el más apreciado por los ajedrecistas si, prescindiendo de la limitación impuesta, hubiéramos aportado más sonetos de Felipe Neri y de

Francisco Delgado-Iribarren que analizan el juego de muchos grandes jugadores. No obstante, en esa segunda edición, hemos añadido el soneto 84, de Mariano Shifman, dedicado a José Raúl Capablanca y el 85, de Juan Pérez Vecina, que describe el juego de Bobby Fischer.

El primero de los incluidos en esta sección, de Martín Marcos, exalta la figura del clérigo, ajedrecista y humanista Ruy López, (19) que publicó el importante tratado *Libro de la Invención Liberal y Arte del juego del Ajedrez...*, que consagró la llamada apertura española y que disputó, con Il Puttino, Paolo Bloi y Alfonso Cerón, el que se ha llamado Primer Torneo Internacional de Ajedrez, en presencia de Felipe II. Lo ganó Il Puttino. (20)

En la primera edición de este libro también figuraba un exaltado soneto de Felipe Neri dedicado a Ruy López, que dedica el siguiente al músico y gran ajedrecista de finales del XVIII, Philidor, que jugaba a la ciega, publicó otro influyente tratado y concedió suma importancia a los peones en el desarrollo de la partida.

Martín Marcos destina el soneto 82 a Steinitz, nacido en Praga en 1836, en aquel entonces dentro del imperio austrohúngaro. Emigró a los EEUU en 1883 y allí se proclamó campeón del mundo al vencer en 1886 a Johannes Zukertort. Fue fundador del estilo posicional y publicó un libro sobre aperturas. Perdió su reinado ante Lasker en 1894. (21)

Mariano Shifman pone en boca de Paul Morphy la afirmación de que, con su innovador juego, que combinaba "belleza y justo juicio", no tenía rival de su altura en su época y reseña su desequilibrio mental final.

Y, en la de Kasparov, una triste reflexión en que constata que, tras veinte años de reinado, (conquistó el campeonato del mundo en 1985 en Moscú ante Karpov y lo perdió ante Krámnik en Londres en el 2000), la edad no perdona y ya no tiene la fuerza arrolladora que mostraba en los 90. (22)

1.4.3 Sonetos panegíricos

1.4.3.1 Loas prologales de tratados italianos

Si en el siglo XVI España competía con Italia en la supremacía ajedrecística, en el XVII ésta se decanta inexorablemente hacia la península itálica en la que destacan grandes jugadores que, además, publican varios tratados de ajedrez.

Para conferir prestigio literario al autor y loar su altura ajedrecística, era costumbre que éste encargara a amigos poetas sonetos de presentación de sus obras. (23)

El libro de Alessandro Salvio tiene cuatro, de los que aportamos el primero y el tercero.

El primero (87) es un hiperbólico elogio al autor, por parte de Horatio Persio, que lo considera más digno de honores por sus victorias ajedrecísticas que los que se otorgaban a los generales romanos.

El otro (88) compara a Alejandro Salvio con Alejandro Magno, cotejando ingeniosamente la estrategia del primero en la guerra con la del segundo en el ajedrez.

Los dos merecen parejos elogios, dice G. Domenico d'Arminio, por ser uno modelo en las armas, el otro en el juego.

Los otros dos ejemplos de esos sonetos de presentación, el 89 y el 90, van dirigidos a Francesco Piacenza. El primero coteja la contienda guerrera con la más apacible de los escaques en la que se dan glorias más valiosas porque se trata de un arte.

El segundo lo escribe un abate que debía ser el contrincante del autor aunque se considera muy inferior a él.

El encomio ampuloso e hiperbólico lo ofrecía también a Pietro Carrera, G. Battista Cherubino en un soneto que hemos suprimido y que elogiaba al autor que pretendía que las letras de su nombre confluían mágicamente con los números del tablero. Más objetivo e interesante se muestra Carrera cuando compara el ajedrez con la poesía. (24)

1.4.3.2. Otros elogios

Un poeta que quiere permanecer en el anonimato trasluce su adorada admiración hacia una condesa amiga y traza una apología sin fisuras de Egle en su faceta de gran contrincante de ajedrez que sabe atacar y sortear todas las acometidas en un juego en el que no encuentra rival.

En esta segunda edición he desplazado a esa sección el soneto de Martín Marcos dedicado al Che Guevara, que era un buen jugador.

Muestra una viva simpatía por el comandante guerrillero, para el que el ajedrez era "una forma de ejercer disciplina/ y encontrar la verdad por otros fueros".

Le precede un epígrafe del Che dedicado a Ludek Pachman, gran jugador y autor del ensayo *Ajedrez y comunismo.*

Javier Asturiano ensalza a un gran maestro del que describe su búsqueda incansable de un saber ajedrecístico, arte arcana, que le acerque a lo Eterno, a la deseada Verdad.

Y el académico Enzo Giudici, en el último soneto de esta sección, lamenta haberse apartado de su maestro de ajedrez, sin el cual ve declinar sus habilidades adquiridas.

1.5. Sonetos lúdicos

Lope es el mejor sonetista de la lengua castellana, y, entre los más de mil de sonetos que he inventariado en su obra, se encuentran algunos en los que juega con el eco de los versos o con la rima. Entre éstos está este soneto 95, cuyos versos acaban todos en Z. Del ajedrez dice que es dichoso quien lo utiliza para aliviar el malestar cotidiano y muestra su autoridad en el juego.

Siguen dos sonetos (96-97) que son adivinanzas. La primera está centrada en una real pareja de la que se afirman cosas desconcertantes (no subieron nunca al trono…) Ella es ágil, osada; él, lento. Se trata, por supuesto, del rey y la reina del ajedrez.

El siguiente describe una fiesta que tiene todas las trazas de ser el palio de Siena, con una multitud expectante. Pero, como en toda adivinanza, hay elementos que ayudan a su resolución: colores blanco y negro, ocho infantes… y el verso final.

El 98 está en ese capítulo por formar un acróstico con el nombre del gran jugador inglés Isidor Gunsberg, al que animan a vencer a Steinitz en el campeonato del mundo celebrado en Nueva York en 1890-91. Gesta asimilada a las hazañas épicas de los antepasados.

El siguiente (99) también forma un acróstico pero inverso, en respuesta a un contrincante amigo que le había enviado también un soneto acróstico, cuyo nombre se desvela por otro formado por las palabras del último verso: MARCOS.

Él mismo da las pistas ajedrecísticas del soneto en su blog: la décima musa es Caissa, el cetro que desciende es el rey vencido, arte y ciencia es el juego…

El último soneto parodia el famoso de Lope de *La niña de plata*: "Un soneto me manda hacer Violante / que en mi vida me he visto en tanto aprieto…", imitación, a su vez, de otro atribuido a don Diego de Mendoza: "Pedís, reina, un soneto, yo lo hago…"

Creo que Olavide acierta con la parodia y obtiene un gracioso mate a esas "rimas desmañadas".

Aquí cabrían otros sonetos como el que Héctor Óscar Santos escribe en graciosa jerga lunfarda (criolla) de Buenos Aires. O los de Delgado-Iribarren que, en el prólogo de *Este juego es infinito,* invoca a los grandes maestros del tablero en un soneto confeccionado únicamente con sus nombres y, en otra imitación de Lope, describe el reto de escribir tantos sonetos ajedrecísticos como casillas del tablero.

1.6. A modo de conclusión

Al estar contemplados desde una perspectiva literaria, el conjunto de estos sonetos ofrecen una visión estética del ajedrez que la totalidad de tratados técnicos no nos proporcionan, y enriquecerán, sin duda, la visión de los aficionados que verán su juego preferido realzado por grandes poetas.

Y los amantes de la poesía también descubrirán cuán fecundo ha sido el Real Juego como tema literario.

Buena parte de esos sonetos se pueden encontrar en Internet, pero creo que puede ser gratificante verlos reunidos en esa pequeña miniatura bibliográfica.

2. 100 SONETOS DE AJEDREZ

2.1.- EL AJEDREZ

2.1.1. ¿Qué es el ajedrez?

1) Alessandro Salvio

Rè, Donne, Alfier, Cavalli, Rocche, e Fanti... (25)

Rè, Donne, Alfier, Cavalli, Rocche, e Fanti,
Guerreggiano tra lor, nel bianco, e nero:
Nel campo d'un quadrato, e bel scacchiero:
Che nè morte, nè horror reca, nè pianti,
Ma d'honesti diporti aggio, fra quanti
Degni potesse oprar, nobil guerriero:
Che fortuna non già, ma valor vero
D'ingegno, ivi s'adopra in modi tanti:
Onde invito ciascun, venga a sì degno
Theatro: che à noi mostra à un tempo insieme
Guerra, schermo, duel, tragedia e gioco.
E s'averrà, ch'alcun v'arrivi al segno
De' primi havrà oltre il diletto, speme
Certa, d'util, d'honore in ogni loco.

Reyes, Damas, Alfiles, Caballos, Torres y Peones...

Reyes, Damas, Alfiles, Caballos, Torres y Peones,
en guerra entre ellos, en el blanco y el negro:
En el campo de un cuadrado y hermoso tablero de ajedrez:
que muerte no trae, ni horror, ni llantos,
sino placer de deporte honesto, entre cuantos
otros dignos podría realizar, noble guerrero:
Que suerte no es, sino valor verdadero
de ingenio, aquí se obra de muchas maneras:
Donde todos los invictos, hacen un digno
teatro: que nos muestra al mismo tiempo
guerra, escudo, duelo, tragedia y juego.
Y si sucede, que alguien alcance el objetivo
en principio obtendrá además de deleite, esperanza
cierta, de provecho y honor en todas partes.

Alessandro Salvio, *Il Puttino, altramente detto, Il Cavaliero errante del Salvio, sopra il gioco de' Scacchi (...)*, In Napoli, Nella stampa di Gio. Domenico Montanaro, 1934, p. 6.

2) Daniele Geofilo Piccigallo

Sonetto sopra il gioco de scacchi di...

Non la Troiana, ò Cannea bataglia,
O quella ove le mura alzò Didone
Non suon di trompa, non superbo arcione
Si vede, ò quella, che vidde Farsaglia.
Ma sol senza vestir piastra, ne maglia
Vedi d'irate Donne una tenzone,
E guizzar i Delfini, e con pedone
Regi, Cavalli, e Rocchi avvien , ch'assaglia.
S'è quella horrenda, e spaventosa in vista,
Gioconda è questa, e dilettevol anco
Rellegra questa, se quell'altra attrista.
Qui non vedi guerrier ferito, ò stanco
Anzi pugnando più vigor s'acquista.
Saltando hora nel nero, & hor nel Bianco.

<u>Soneto sobre el juego de ajedrez de...</u>

Ni en la batalla de Troya, ni en la de Cannas,
ni en aquella donde los muros levantó Dido
sin sonido de trompetas, ni cabalgadura soberbia
se vio, lo que se vio en Farsalia.
Mas sólo sin vestir coraza, ni malla
ves de Damas airadas una contienda,
y mover los Delfines, y con un peón
Reyes, Caballos y Torres llegan, y asaltan.
Si es esa horrenda, y aterradora a la vista,
jovial es esta, y encantadora también
Esta alegra, entristece la otra.
Aquí no se ve un guerrero herido o cansado.
De hecho, luchando más fuerzas se ganan.
Saltando ora a las negras y luego a las blancas.

Alessandro Salvio, *Trattato dell' Inventione et arte liberale del gioco di scacchi (...)*, In Napoli, Gio. Battista Sottile, MDCIIII (Cuarto y último de los sonetos iniciales del tratado de Salvio, sin paginar)

3) Jorge Luis Borges, Ajedrez (26)

En su grave rincón, los jugadores
rigen las lentas piezas. El tablero
los demora hasta el alba en su severo
ámbito en que se odian dos colores.

Adentro irradian mágicos rigores
las formas: torre homérica, ligero
caballo, armada reina, rey postrero,
oblicuo alfil y peones agresores.

Cuando los jugadores se hayan ido,
cuando el tiempo los haya consumido,
ciertamente no habrá cesado el rito.

En el Oriente se encendió esta guerra
cuyo anfiteatro es hoy toda la tierra.
Como el otro, este juego es infinito.

4) Jorge Luis Borges, (Ajedrez) II (27)

Tenue rey, sesgo alfil, encarnizada
reina, torre directa y peón ladino
sobre lo negro y blanco del camino
buscan y libran su batalla armada.

No saben que la mano señalada
del jugador gobierna su destino,
no saben que un rigor adamantino
sujeta su albedrío y su jornada.

También el jugador es prisionero
(la sentencia es de Omar) de otro tablero
de negras noches y de blancos días.

Dios mueve al jugador, y éste, la pieza.
¿Qué dios detrás de Dios la trama empieza
de polvo y tiempo y sueño y agonías? (28)

Jorge Luis Borges, *El Hacedor,* (en *Obra poética*), Emecé
Editores S.A., Buenos Aires, 1989, p. 122 y 123.

5) Member of the Cambridge University Chess Club, Chess: A Poem (1858)

How doubly sweet to bear into the field
The practis'd skill to studious hours revealed,
Proclaim the war, and with some pensive friend,
In games of mental rivalry contend,
Assume the marshal's function, yet not share
His deep responsibility and care,
To feel the thrilling sense of actual war
Without effusion of the soldier's gore;
The flushing glow that victory inspires
Without its plunder, massacre and fires;
Or should defeat my fruitless arms attend,
To hail the smiling victor as my friend,
The palmy prize without abasement yield,
And bear my scatter cohorts from the field.

Qué gran satisfacción llevar al campo
la pericia practicada tras horas de estudio,
proclamar la guerra, y con algún pensativo amigo,
lidiar en juegos de rivalidad mental,
asumir la función de mariscal aunque no compartir
su profunda responsabilidad y cuidado,
sentir la sensación emocionante de la guerra real
sin derramar la sangre del soldado;
el resplandor que inspira la victoria
sin su saqueo, masacre e incendios;
Y si mis armas infructuosas encontraran la derrota,
saludar al vencedor sonriente como mi amigo,
entregar el premio floreciente sin humillación,
y retirar del campo a mis cohortes dispersas.

Norman Knight, *Chess pieces. An Anthology in Prose and Verse,* Chess, Sutton Coldfield, Plain Dealer Library, 1962, p. 205.

6) Gwen Harwood

A Game of Chess

To John Brodie

Nightfall: the town's chromatic nocturne wakes
Dark brilliance on the river; colours drift
And tremble as enormous shadows lift
Orion to his place. The heart remarks
That peace torn in the blaze of day. Inside
Your room are music, warmth and wine, the board
With chessmen set for play. The harpsichord
Begins a fugue; delight is multiplied.
A game: the heart's impossible ideal—
To choose among a host of paths, and know
that in the kingdom crumbles one can yield
and have the choice again. Abstract and real
joined in their trance of thought, two players show
the calm of gods above a troubled field.

Anochecer: la colorida escena nocturna de la ciudad,
despierta un brillo nocturno en el río; los colores se mueven
y tiemblan mientras unas sombras enormes
elevan a Orión y lo colocan en su lugar. El corazón reconstruye
esa paz desgarrada en pleno día. Dentro
de tu habitación hay música, calidez y vino, el tablero está
[preparado
con piezas de ajedrez. El clavicordio
comienza una fuga; la delicia se multiplica.
La partida: el imposible ideal del corazón,
elegir entre una gran cantidad de caminos, y saber
que si el reino se desmorona, es posible rendirse
y tener otra oportunidad. Lo abstracto y lo real
se unen en un trance de pensamiento, dos jugadores muestran
la calma de los dioses sobre un campo turbulento.

Gwen Harwood era una gran poetisa australiana (1920-1995)
En la página https://prezi.com>a-game-of-chess, Madeleine
Walker analiza el soneto.

7) T.H. Silcock

Sonnet to chess

Immortal game from out the Orient brought,
Rich legacy of Persia's conquering might!
Most cunning picture of a doughty fight,
On equal ground, with equal armies fought!

Thy fascination still shall hold its sway
While hearty youth, or hoary-headed age
Have leisure hours to try thy battle sage,
And send thy noble pieces to the fray.

Thou art the mother of bright-crowned thought,
Of power the inmost minds of men to trace,
Thou conqueror of class, of age, of race,

Who thousands to uphold thy fame hast taught!
Live on, and scorn the futile jest of those,
With minds too weak for thee, who call themselves thy foes.

Juego inmortal, traído de Oriente,
rico legado del poder conquistador de Persia!
La más astuta imagen de una dura pelea,
en igualdad de condiciones, librada con armas iguales!

Tu fascinación aun tendrá su dominio
mientras que la juventud, o la edad de cabeza canosa
tenga horas de tiempo libre para probar la sabia batalla,
y guiar las nobles piezas hasta la refriega.

Tú eres la madre del pensamiento brillante,
del poder que buscan las mentes más íntimas de los hombres,
tú, vencedor de clase, de edad, de raza,
que has enseñado a miles a defender tu fama!
Persiste, y desdeña la burla inútil de aquellos
con mentes demasiado débiles, que se hacen llamar tus
[enemigos.

Chess and Poetry by Edward Winter
www.chesshistory.com>winter>extra>poetry
(El soneto debió pertenecer al único poemario del autor: *Tradeways,* 1971)

8) Lucy Delarue-Mardrus

Sonnet des échecs

Invite aux tours de passe-passe,
L'échiquier quadrillé reluit.
Il n'a qu'une étoile pour lui,
Le Roi, ce monarque fadasse.

Mais d'une plus vaillante race
Sont ses sujets d'or et de nuit.
Les Fous lorgnent leur rang qui fuit,
Les Cavaliers ont leur rosace.

L'équerre des Tours bombardant,
Les Pions fiers de leur trident,
Chacun combat selon sa piste.

Mais seule, allant de bout en bout,
En ce très vieux jeu féministe,
La Dame rayonne partout.

Invita a los trucos de magia,
el tablero cuadriculado reluce.
No hay más que una estrella para él,
el Rey, este monarca aburrido.

Pero de una más intrépida raza
son sus súbditos de oro y de noche.
Los Alfiles miran de soslayo su hilera que huye,
los Caballos tienen su florón.

La escuadra de las Torres bombardeando,
los Peones fieros, con su tridente,
cada uno combate según su pista.

Pero sola, marchando de cabo a rabo,
en este muy viejo juego feminista,
la Dama resplandece en todas partes.

Bernard Guérin, «Lucy Delarue-Madrus et les échecs»
www.mjae.com>delarue-mardrus.html

9) Marco Martos Carrera

Stefan Zweig habla del ajedrez

¿Ciencia? ¿Es sólo técnica del arte?
¿Es sólo un hábil juego difundido
en el rincón del mundo del olvido?
¿Es tiempo que se pierde tan aparte?
Si numerosa gente permanece
silenciosa moviendo con esmero,
dejando abandonado lo primero,
trebejos de la noche que amanece,
podríamos muy bien interrogarnos
¿cuál es razón de pasión poderosa?
La respuesta no existe, hay que fugarnos
al país de los sueños, ya en la cosa,
jugar muchas partidas, agotarse,
amar al ajedrez hasta embriagarse.

10) Marco Martos Carrera

Tableros

De nada sirve andar por los tableros,
repitiendo partidas ya jugadas,
cruzando nuevamente las espadas
que en otro tiempo arriaron caballeros.
De poco sirve meditar movidas
que nos parecen propias, verdaderas,
son solamente negras escaleras
de la muerte segando nuestras vidas.
El ajedrez es pérdida de días,
un maleficio pérfido, un embrujo,
un quehacer ocioso, un cierto lujo,
de jóvenes y viejos con sosías.
Su perfil estrambótico sorprende,
Su faz negra y muy blanca nos enciende.

Marco Marcos Carrera, *Jaque perpetuo,* Serve Ficciones, Poesía, Pontificia Universidad Católica del Perú, Fondo Editorial, 2003, p. 41 y 42

11) Soraya Juncal

El ajedrez

Nacido el ajedrez en una cuna
de brocados, de rasos y de tules.
En reales cojines lo meció la luna
y siempre caminó entre rosas y abedules.

Es el rey de los juegos y es de reyes,
el juego preferido:
un diamante que se oculta entre los pliegues
de un sufrimiento fenecido.

El Ajedrez: tema infinito y discutido.
Se lo disputan los grandes de la Tierra
y los que apenas lo hemos conocido.

Sissa, el inventor, pidió al rey necio,
cuentan las historias que he leído,
dieciocho trillones de trigo por su precio.

(De la web La Magia del ajedrez. Blog de Fabricio Figueroa
(Colgado el 20-06-07)

12) Passager (¿Seudónimo?)

Jeu d'échecs

La case noire ou blanche, accueillant la piétaille,
Le cavalier, la dame et le fou, mais surtout,
Le monarque et la tour, dévoile son atout,
Parmi soixante trois d'un carré qui les taille.

Sous l'œil d'un spectateur, qui contemple et détaille
Les pièces, les pions, se déplaçant partout,
L'échiquier neutre arbitre, en jouant son va-tout,
Pour conduire les rois sur leur champ de bataille.

La réflexion pure, incomprise en passant
Sur le roc découvert du sol rêche et blessant
D'un chemin tortueux, sauve un joueur sensible.

En comblant le vainqueur, loué pour le chérir
D'un dernier coup pétri d'attitude impassible,
Le jeu d'échecs nourrit l'esprit pour l'aguerrir.

La casilla negra o blanca, acogiendo a los peones,
el caballo, la dama y el alfil, pero sobre todo,
el monarca y la torre, revela su triunfo,
entre sesenta y tres de un cuadrado que los delimita.

Bajo la mirada de un espectador, que contempla y destaza
las piezas, los peones, desplazándose por todos lados,
el tablero neutro arbitra, jugando su envite,
para conducir a los reyes por su campo de batalla.

La pura reflexión, incomprendida al pasar
sobre la roca descubierta del suelo accidentado e hiriente
de un camino tortuoso, salva a un jugador sensible.

Colmando al ganador, satisfecho para gustar
un último golpe lleno de una actitud impasible,
el juego de ajedrez nutre el espíritu para el combate.

Oniris… Poésie classique Publié 23 / 10 / 15
www.oniris.be

13) Ibrahim Fajardo

Soneto al ajedrez

El ajedrez es, pues, el noble juego
peones, torres, caballos y alfiles
reyes y damas que parecen misiles
mas hay que saber mover los trebejos.
El ajedrez es, pues, el noble juego,
ha apasionado a viejos y juveniles
a burgueses y hasta pastoriles.
Del Chaturanga provino el ilustre juego.
Tácticas y estrategias usarán
los ajedrecistas desde el inicio
y el reloj empieza su tictac.
Luchando, y sudando, maestros y novicios
sorteando escollos ellos irán
¿Quién los mueve a ellos?, ¿dioses del Olimpo?

Blog: TEXTALE, publicado el 19, sep., 2017
www.textale.com

14) Pedro Pérez Vecina

H 1 Arte (29)

Sobre el lienzo del tablero,
como arañas hilvanando,
dos manos se van turnando
pincelando en blanco y negro.

Inteligencias que mezclan
el mismo sueño inventado
que en el telar atrapado
los dos artistas ya trenzan.

No hay Penélope esta vez
—de su arte habla el ajedrez—
que desteje lo empezado.

Hilos que la muerte corta
y el pensamiento transporta
relámpago reflejado.

Pedro Pérez Vecina, *64 poemas de ajedrez,* Ayuntamiento de Petrer, Ayuntamiento de Elda, Caixapetrer, Petrer, 2005, p. 95.

15) Agustín Casado

Soneto con estrambote

Vencido como un viejo que pierde al tute,
así pintó Sabina la derrota.
Líbreme Dios de enmendarla la nota,
mas permitidme que se lo refute.

Sabe la gente al ajedrez devota
que no hay juego al ganar que más disfrute
ni el palmar tanto el ánima te enlute
dejándote así luego el alma rota.

No existe un no quiso entrar la pelota
ni vale ardite al que perder se impute,
ni tampoco que el árbitro era el Lute

ni al as de bastos culpar, ni a la sota.
Si ganan blancas como en Minnesota
con negras yo me siento Martin Luther.

Quien mate no sufrió no se repute
sabedor de cuán dura es la derrota.

Ajedrez, sin duda www.ajedrezsinduda.blogspot.com
Blog de Ramón E. Villanueva Claramonte
(Poema de su sección: *Poesía y ajedrez,* publicado el 20 de junio de 2017)
(El poema también lo publica el blog Artejedrez, 21 de marzo de 2019)

16) Fatima Salman Siddiqui

Sonnet on "Chess"

Chess is a wonderful game
It causes you to think
It isn't at all slow and lame
And is over before you can blink.

It makes you think mathematically
And you learn from different situations
You have to use your brain, totally
It's been played around for generations.

White is the opponent of black
Black is the opponent of white
There's plotting and killing between the white and black
It's all a great big fight!

But more tan anything, chess is a challenge
Where you have to show your revenge.

El ajedrez es un juego maravilloso.
Te hace pensar.
No es para nada lento y soso
y termina antes de que puedas parpadear.

Te hace pensar matemáticamente
y aprendes de diferentes situaciones.
Tienes que usar tu cerebro, totalmente,
ha sido jugado por generaciones.

El blanco es el oponente del negro,
el negro es el oponente del blanco.
Hay tramas y asesinatos entre el blanco y el negro.
¡Todo es una gran pelea!

Pero más que nada el ajedrez es un desafío
donde tú has de mostrar tu venganza.

Fatimas's Archives
www.fatimasarchives.blogspot.com>son.

17) Josep Mercadé Riambau (30)

Guerra ferotge sense plom ni sang,
prova de que manem nostre destí
i que som iguals després de morir
però no en la vida on tots tenim un rang.

Ciutat murallada, microcosmos gran,
regne amb monarca que cal protegir
però que sense gent no pot subsistir,
lluita del bé i mal, del Yin i del Yang.

Els petits soldats miren endavant,
bisbes folls avancen amb traïdoria
i les pesades torres fan malvestats.

La gran dama domina tot el camp
i els cavalls brinquen amb harmonia…
Joc infinit, etern joc dels escacs!

Guerra feroz sin plomo ni sangre,
prueba de que dirigimos nuestro destino
y de que tras la muerte todos somos iguales
pero no en la vida donde todos tenemos un rango.

Ciudad amurallada, gran microcosmos,
reino con monarca que hay que proteger
pero que sin los súbditos no puede subsistir,
lucha del bien y del mal, del ying y del yang.

Los pequeños soldados siempre miran al frente,
locos obispos avanzan con traición,
las pesadas torres hacen estragos.

La gran dama domina todo el campo
y los caballos brincan con altivez…
Juego infinito, ¡eterno juego del ajedrez!

18) Josep Mercadé Riambau

Diuen que el savi Sissa el va inventar (31)
per ensenyar a un cruel rei que sens clemència
no tindria sossec i que en la guerra
mai ningú fa costat a un rei tirà.

I també, de pas, li palesà
quanta era sa ignorància amb la creença
que un sac de blat per tota recompensa
bastaria pel què li havia de pagar.

I així va començar el joc inmortal,
traspassant les nacions i les edats.
Guerra mental: càlcul i previsió ,

jugades fascinants, gàmbits traïdors...
per conquerir al tauler el Sant Greal.
Enginy, no pas la sort entra als escacs.

Cuentan que el sabio Sissa lo inventó
para enseñar a un cruel rey que sin clemencia
no tendría sosiego y que, en la guerra,
nadie está de parte de un rey tirano.

Y también, de paso, le mostró
cuánta era su ignorancia al creer
que un saco de trigo por recompensa
bastaría para satisfacer su deuda.

Y así empezó el juego inmortal
traspasando fronteras y edades.
Guerra mental: cálculo y previsión,

jugadas fascinantes, gambitos traidores…
para conquistar el Santo Grial en el tablero.
El ingenio, no la suerte cabe en el ajedrez.

19) Francisco Delgado-Iribarren

El futuro

El ajedrez, tal vez, no tiene meta,
y seguirá creciendo eternamente.
El ajedrez, tal vez, no es más que un puente
que une las culturas del planeta.

El ajedrez, tal vez, es como un río,
que se nutre de humanos afluentes.
Solo cuando se sequen esas fuentes
se secará el caudal del desafío.

El ajedrez, tal vez, es un enigma
adherido a la humana circunstancia,
un secreto de luz y de elegancia,
el afán del eterno paradigma.

Si Borges lo escribió, yo lo repito,
como el otro, este juego es infinito.

Francisco Delgado –Iribarren Cruz, *Este juego… (Op. cit.)*
p. 91.

20) Felipe Neri

El problema de ajedrez

A D. Antonio F. Argüelles,
digno Presidente de la S.E.P.A.

Problema de Ajedrez. Gran aventura
en donde el intelecto se debate
para hallar solución al jaque mate
oculto en la variante más oscura.

Fuente de lucidez y de frescura
para la inspiración o el acicate
de descubrir, urdir y hacer regate
a la dificultad más cierta o pura.

Yo te alabo, problema. ¡Oh!, gran problema.
Creación infinita del tablero
donde todo se eleva como el fuego.

Eres firme destreza. Llama. Emblema
de aquel que hace de ti claro venero
para vida tranquila y dulce juego.

Felipe Neri, *Veinte sonetos para el ajedrez,* Oviedo, 1985,
p. 26.

2.1.2. Las piezas (32)

21) William Warner Sleator

Sonnet. Play chess with Friends

For a Set of Chessmen

Here are the soldiers of the checkered field-
The subtle pawns advancing two by two;
The spear-point of the bishop flashing through
to strike the distant foe beside the shield;
The vaulting knight, skillful the sword to wield
with most familiar stroke forever new;
The thorough rook, and self-reliant too,
Not first to fight, but often last to yield.
Here is the queen, the leader in the fray,
With powers of rook and bishop, brave and tall;
At last the king. For him the quaint array
attack combined, and must defend at call;
He gives the purpose of the whole foray-
The mimic war is lost if he shall fall.

Soneto. Juego al ajedrez con los amigos.

A un juego de piezas

Aquí están los soldados del campo a cuadros
los sutiles peones avanzando de dos en dos;
la punta de lanza del alfil que aparece
para golpear al lejano enemigo al lado del escudo;
el caballo saltador, que empuña hábilmente la espada
con una estocada conocida y siempre nueva;
la concienzuda torre, y autosuficiente también,
no es la primera en pelear, pero a menudo la última en ceder.

Aquí está la reina, la líder en la refriega,
con los poderes de la torre y el alfil, valiente y alta;
Por último el rey. Por él ataca esta tropa tan curiosa,
y debe defenderlo cuando da la orden;
Él le da sentido a toda esta incursión…
La guerra simulada se pierde si él cae.

ICC chessclub.com (W.Warner (1883-1956)
www.chessclub.com>help.sonnet

22) Pedro Pérez Vecina

F7 Los peones

Sí; son los peones racimos de fruta exquisita.
Viandas que enseguida degustan los jugadores.
Manto de mar que cobija a las piezas mayores.
Collar de perlas que sin cuello de alma palpita.

Rocas firmes que sostienen las acometidas.
Llaves y pomos de puertas que se abren y cierran.
Avalancha de embriones que una oración encierran:
"Protégeme jugador en todas las partidas".

Muralla, calzones, pirámide, tenedor…
Mil formas que unidos les da la imaginación
en el áspero andar hasta la coronación.

Semilla de esperanza… de una vida mejor.
Angustia de la libertad…, de superación…,
si en todo hombre habita un duende… con alma de peón.

Op. cit., p. 65.

23) Eliseo Diego

**Único y curioso libro del ajedrez. Epopeya del Gilgamesh:
muerte de Enkidu** (33)

V

Elefante quien dice alfil dice elefante,
Alfil dice cargar a la carrera,
Obispo pero a la ciega, de manera
que nada quede por delante.

¿Y cómo pudo este gigante
parar en cosa tan ligera
como una pieza de madera
tan afinada y elegante?

Ni cómo vino luego al nombre
con que lo llaman allá arriba
por donde sopla el frío del viento.

Pacífico tal vez el hombre
mas con la fuerza ciega y viva
de lo que es más que pensamiento.

Eliseo Diego, *Poesía y prosa selectas,* Biblioteca Ayacucho,
(2ª ed.), Caracas, 2004, p. 160

24) Eliseo Diego

VI

Compárese la
Dama con la otra
Señora

¿No eres tú acaso reina del vacío,
no juraste tu ser a la inclemencia,
no es tu solo descanso la violencia,
tu argumento mejor tu poderío?

En ti se cierra el juego, acaba el río
y se descorazona la inocencia.
No puede audacia o sabe inteligencia
torcer la rabia oscura de tu brío.

Ni es engaño, señora, que te ausentes
y finjas ya desastres, ya derrotas,
que fuiste sólo un sueño o que no has sido.

No es natural morir, digo que mientes
y que a la sombra de las flores rotas
es tu cuchillo lo que está escondido.

Eliseo Diego, *Op. cit.,* p. 161

25) Miguel Arteche Salinas

Dama

Esa dama sin cara ni camisa,
alta de cuello, suave de cintura,
tiene todo el temor de la hermosura
que el tiempo oculta y el amor desliza.
Esta dama que viene de la brisa
y el rango lleva de su propia altura,
tiene ese no sé qué de la ternura
de una dama sin fin, bella y precisa.
Aunque esta dama nunca duerme en cama
parece dama sin que sea dama
y domina desnuda el mundo entero.
Esa dama perdona y no perdona.
y para eso luce una corona
esa dama que reina en el tablero.

Miguel Arteche Salinas, *Poesía y prosa,* Editorial Universitaria, Santiago de Chile, 2001, p. 140

26) Francisco N. Lallana

El rey del ajedrez

Está allí, alto y erguido en el centro del tablero
con un aire portentoso de altivez y de arrogancia,
con su cruz alzada al hombro cual cruzado caballero
que se vino de las cortes tan bravías de la Francia.

Ha ganado cien combates y ha sufrido cien derrotas,
pero nunca ha declinado su valor y su apostura:
tiene escritas las memorias de sus glorias más remotas
y conserva cicatrices como premio a su bravura.

Ha cruzado ya los mares la leyenda de su fama,
y ha escalado las montañas su magnífico *estandart,*
el renombre de sus glorias por el orbe se derraman.

Ya la ciencia lo saluda como gran cultor del arte,
y los genios más adustos por doquiera lo proclaman
al monarca que ha ocupado el sitial de Bonaparte.

(En la web; La Magia del Ajedrez Colgado el 20-6-07)

27) Juan Orozco Ocaña

CABALLO NEGRO 2

Negro jinete de la muerte cruenta,
apocalíptico y vil mercenario,
de esta lucha intempestiva, que inventa
el error terrible y extraordinario
de una dura y extrema guerra, que cuenta
del horror azul, odioso y ordinario,
de esta vida insatisfecha; que sienta
la lucha del vivir sobre el horario,
las bases del vivir sobre la muerte,
por gozar más y mejor de la vida,
desechando lo oscuro de la suerte,
 de este gozar en plenitud, que invierte
dolor en alegría: la venida
de las luces sobre la noche inerte.

Juan Orozco Ocaña, *¡Ajedrez!*, Ediciones Algorfa, 2020, p. 52.

28) Juan Orozco Ocaña

TORRE BLANCA II

Encaramada en la redonda esquina
del puro erguido monte que se alzara
en la cima por la que se encamina
la vida que subiera, que cantara,
a los cuatro puntos del orbe. Mina
y blasón de los hombres, almazara
de la luz, claro bastión que se empina
al alto pináculo cual un ara.

Vientre que nos protegiese y nos ama
en su candente abrazo poderoso,
y que mayestático nos aclama.

Guarida del buen gavilán y el oso,
este emblemático fuerte que exclama:
"gloria a Dios en el cielo clamoroso".

Op. cit. p. 38.

29) Vladimir Nabokov

Tres sonetos de ajedrez (III)

Я не писал законного сонета,
хоть в тополях не спали соловьи, -
но, трогая то пешки, то ладьи,
придумывал задачу до рассвета.

И заключил в узор ее ответа
всю нашу ночь, все возгласы твои,
и тень ветвей, и яркие струи
текута тетута тетута тетул.

Я думаю, испанец мой, и гном,
и Филидор - порядке кружевном Â
скупых фигур, играющих согласно, -

увидят все, - что льется лунный свет,
что я люблю восторженно и ясно,
что на доске составил я сонет.

(El artículo *Nabokov and chess* by Bill Wall ofrece la
traducción inglesa de esos tres sonetos que Nabokov publicó en
la revista *Rul'* en 1924. El tercero lo traduce así:)

I do not write by the sonnet's law;
no nightingales sing in the poplars
but, adjusting here a pawn, here a rook,
meditate upon the problem 'til dawn´
And I locked down her defense
the entire night, all of her cries,
and dark the branches, and bright the arcs
of flowing stars, and poetry's workmanship…
I think, my Spaniard, and gnome,
and Phillidor, that in the lacelike design,
spare of pieces, ordered in consonance-
everything is seen, the gliding moonlight,
that I love ecstatically and cleary,
that on the board composed this sonnet.

Yo no escribo siguiendo la ley del soneto;
ningún ruiseñor canta en el pop
pero, ajustando aquí un peón, aquí una torre,
medito sobre el problema hasta el amanecer.
Y he bloqueado su defensa toda la noche,
todos sus gritos, y las ramas oscuras, y los arcos brillantes
de estrellas que fluyen, y el arte de la poesía...
Creo, español mío, y gnomo,
y Philidor, que en el modo en el que se ve todo,
con todas sus piezas ordenadas en consonancia
como si fuera encaje, la luz deslizante de la luna,
que amo honesta e intensamente,
he compuesto este soneto en el tablero.

Textos en ruso en: Vladimir Nabokov's "Three Chessical Sonnets"-ChessProblem.net

2.1.3. La batalla ajedrecística (34)

30) Alessandro Salvio

...sonetto si describe detto gambito, e suo successo (35)

Sfidommi a Scacchi il gran Leonardo, e volse
Seco giucassi, e a lui sortissi il tratto:
Ei comincia, io l'incontro; ei ponsi in atto
Di gambitto, ed a pigliar tosto m'involse.
Segue egli il giuoco, el suo Cavallo sciolse;
Io il Pedon del Caval quanto può un tratto:
Ei l'Alfier, io rispingo, ei fugge, io al matto
Corro, egli il Rè move, el colpo svolse.
Grida egli hò vinto, hor cedi, e a me dà il vanto,
Troppo ardisti a venir meco al contrasto,
Che'n tal mistier tu non sei meco uguale.
Connobi il tiro, e a lui mi volgo in tanto,
Disseli, il vincitor vinto è rimasto.
A cader và thi troppo in alto sale.
Ecco che'l tuo rivale t'ha vinto, e poi ti dice,
Gambitto a giucator farsi non lice.

... en el soneto se describe dicho gambito, y su éxito

Me desafió al ajedrez el gran Leonardo, y quiso
que con él jugase, y le dejara comenzar:
Él comienza, voy a su encuentro; se pone en formación
de gambito, y a pillarlo rápido me lleva.
Sigue el juego, y a su caballo desata;
yo el Peón del Caballo cuanto se puede muevo:
Él el Alfil, yo rechazo, él escapa, yo al jaque
corro, él mueve al Rey, y el golpe lanza.
Grita que ha ganado, luego cede y de mí se jacta,
demasiado audaz para conmigo compararse,
que en tal labor no somos iguales.
Reconocí el golpe, y mientras hacia él me giraba,
le dije, el vencedor vencido se ha quedado.
Podrá caer quien demasiado alto sube.
Así que tu rival te ha vencido y luego te dice,
que hacerse jugador de Gambito no vale.

Alessandro Salvio, *Trattato... (Op.cit.)*, p. 45.

31) Nicolò Antonio Tedaldo

Al meraviglioso giuocar (...) Del Sig. Cavagliere(...) Sonetto

Di real tenzon, mentre invaghito
Teco Signor m'assido, hor presto hor lento
Spingo, corro, hor mi fermo, hor nuovo tento
Che credendo ferir' i' son ferito.
Fò plauso al Feritor: poi torno ardito
A cercar nuove straggi, e al moto intento
Da la sua man, e sol' all'or pavento,
Quando nell' assalir, resto assalito.
Vedomi vuote case in rotto Piano.
Mi vinci, e d'esser vinto hò pur desio,
Quasi perder non sia con chi è savrano.
Finche scorgo il saper: all' or sclam' io:
Purche impari l'ingegno, erri la mano.
E se vinco, ò se perdo, il premio è mio.

Al maravilloso juego (...) Del Sr. Caballero (...) Soneto

En real contienda, mientras fascinado
contigo Señor me siento, ora presto ora lento
empujo, corro, ora me detengo, ora de nuevo lo intento
que creyendo dañaros, soy yo herido.
Aplaudo al Valiente Caballero: más tarde regreso audaz
a buscar nuevos ataques, y con el movimiento atento
de su mano, y solo entonces temo,
cuando al asaltar, quedo asaltado.
Veo casillas vacías en un Tablero bloqueado.
Me vences, y ser vencido incluso deseo,
que casi no es perder contra quien es soberano.
Hasta que vislumbro el saber: entonces exclamo:
Mientras aprendes el ingenio, erras la mano.
Y si gano, o si pierdo, mío es el premio.

I campeggiamenti degli scacchi, (...) Del Dottor di Legge Prancesco Piacenza (...), In Torino, Per Antonio Beltrandi 1683, p. 21.

32) Tomaso Cambray-Digny

Il mato di Légal (36)

Scacchisti, udite! Un'immortal tenzone
in brevi tratti il verso mio dipinge;
inoltra il Re dei Bianchi il suo pedone,
quel del Re Nero contro a lui si stringe.

L'assalta un Cavalier; ma gli si opone
quel della Donna e i colpi suoi respinge.
Alla quarta d'Alfier l'Alfier si pone,
la Donna il suo pedon d'un passo spinge.

L'altro Cavallo accorre. Al primo e'sopra
l'Alfiere e il preme. Egli il pedone uccide,
benché al nemico acciar la Dona scopra.

Ed essa muor; ma non indarno. Il fallo
cadde il duce dei Neri: ei non previde
scacco d'a'Alfiere e matto di Cavallo.

Tomaso Cambray-Digny

El mate de Légal

¡Oíd, ajedrecistas! Una inmortal contienda
con breves rasgos mi verso pinta;
adelanta el Rey Blanco su peón,
el del Rey Negro contra él se aprieta.

Un Caballero ataca; pero a él se opone
el de la Dama y sus golpes rechaza.
En el cuarto de Alfil el Alfil se encuentra,
la Dama a su peón una casilla avanza.

El otro Caballo se apresura. El primero está sobre
el Alfil y aprieta. Este al peatón mata,
aunque descubra al enemigo acechar a la Dama.

Y aquella muere; pero no es en vano. En error
cayó el General de los Negros: no previó
el jaque del Alfil y el mate del Caballo.

Massimo Nicodemo, *Scacchi e Letteratura,* Prisma Editori,
Roma, 2007, p. 43
(El blog de Società Scacchistica Triestina también reproduce el
soneto)

33) Esther Lucila Vázquez

El ajedrez

Encuéntranse en el llano, frente a frente,
los dos bravos ejércitos, mirándose,
y después que estuvieron contemplándose
dos pasos adelanta el más valiente.

A los Caballos acudir se siente,
mientras, al ver que el Rey apresurándose
se oculta tras la Torre, separándose,
la Reina se apresta sonriente.

El suelo de cadáveres se inunda,
el combate es reñido, con su fuego
el sol abrasa el campo; la segunda

Reina se precipita fuera, y luego,
cuando esta se inclina moribunda
Una voz dice con pavor: —¡ME ENTREGO!

El padre de Esther lo mandó a la revista cubana *El Pablo Morphy*, La Habana, que lo publicó el 23 de noviembre de 1890.
También lo aporta la web del Club d'Escacs Sant Andreu (www.clubescacssantandreu.blogspot.com)

34) Christian Morgenstern

Schachsonett

Dem edlen Schach vergleich ich das Sonett,
Eröffnung, Aufbau, Mittel-, Endspiel- traun,
das alles ist so hier wie dort zu schaun,
und auch selbst hier sitzt oft ein – Paar am Brett.

Vier Züge schon vorbei! Gefährlich Baun!
Werwirrung trübt micht... Opfer und –Verlust!...
Doch dieser Zug jetzt macht den Fehler wett.
Und auch dem Endspiel darf ich noch vertraun.

Jetzt breen ich erst; und spür mich Brust an Brust:
und greife nicht mehr fehl im strengen Kriege;
und lege meisternd Hand auf Brett und Blatt.

Noch einmal blitzt das feindliche Florett-
Doch ich parier's, und nun auch schon: Schachmatt!
(Ich mub erst immer fallen, eh ich sierge.)

Comparo el soneto con el noble ajedrez,
apertura, construcción, transcurso, conclusión,
todo se puede encontrar igual aquí y allá,
e incluso aquí a menudo hay una pareja sentada en el tablero.

¡Ya han pasado cuatro movimientos! ¡Peligro, Baun!
El desconcierto me confunde... ¡Sacrificio y pérdida!
Pero este movimiento compensa el error.
Y todavía puedo confiar en el final del juego.

Ahora estoy rebosante; y se me llena el pecho:
y ya no me equivoco en esa guerra estricta;
y pongo la mano magistral sobre el tablero.

El florete enemigo resplandece de nuevo
pero lo bloqueo, y ahora también: ¡Jaque mate!
(Siempre tengo que caer antes de poder vencer.)

Christian Morgenstern, *Inch und Du (Tú y yo)* (1911) (37)

35) M. Costes

L'ardent combat

La lutte est acharnée et l'astre incandescent
Éclaire de ses feux les deux troupes fidèles.
Pas d'obliques chemins les Fous courent aux ailes,
Un hardi fantassin prend un pion en passant.

Déjà la Dame noire a répandu le sang
De valeureux guerriers et ses charges mortelles
Menacent les deux Tours, lointaines sentinelles;
Et, sur son flanc désert, un cheval hennissant.

Combien sont-ils de survivants de la tuerie?
Le Roi compte ses morts et la source est tarie
Où venait s'abreuver l'étalon furieux.

Son rival noir sourit dans sa barbe d'ébène
Et lui, désespéré, croyant sa fin prochaine
Appelle du regard l'assistance des dieux.

La lucha es implacable y la estrella incandescente
alumbra con sus fuegos a las dos tropas leales.
Sin oblicuos caminos los Alfiles corren a los flancos,
un audaz soldado de infantería captura un peón al paso.

Ya la Dama negra ha esparcido la sangre
de valerosos guerreros y sus cargas mortales
amenazan a las dos Torres, lejanos centinelas;
y, en un flanco desierto, un caballo relincha.

¿Cuántos son los sobrevivientes de la masacre?
El Rey cuenta sus muertos y la fuente está seca
donde venía a abrevar el furioso semental.

Su rival negro sonríe en su barba de ébano
y él, desesperado, creyendo en su fin cercano
implora la ayuda de los dioses.

En la web Poèmes et récits
http://pages.infinit.net/mbodry/interest.htm

36) Francisco Vázquez

Ajedrez I. Soneto

Cada pieza se hallaba ya en su escaque,
las negras y las blancas, frente a frente;
la brega comenzó, e incontinente
un caballo al Rey blanco daba jaque.

Murió la reina blanca; al ataque
las negras se lanzaban diestramente,
y el negro caballejo, de repente,
por poco al blanco Rey le daba mate.

Al Rey blanco, diezmada ya su grey,
el caballo cercó, y un peón vecino,
un jaque, y otro jaque: Era la ley.

Pero el Rey, siempre altivo, digno, fino;
que él, bien que sitiado, aún era Rey,
y ellos, uno peón, y el otro equino.

Francisco Vázquez, *Poesías. Tomo II: El libro de los sonetos,*
Ed. Dunken, Buenos Aires, 2005, p. 11

37) Francisco Vázquez

Ajedrez II (Alegoría de las dos guerras) (38)

La guerra era feroz y sin cuartel;
los peones, los caballos, los alfiles,
morían por centenas y por miles,
o por el campo huían en tropel.

Por osado, un alfil, y por novel,
entre dos peones, acababa, hostiles.
Tres corceles, briosos y cerriles,
corrían, a su vez, la suerte de él.

El rey blanco murió y cesó la algara;
mas recobraba a poco nueva vida,
y con él el alfil que se arriscara.

Una torre de nuevo fue erigida;
formaron los dos bandos cara a cara
y a poco comenzaba otra partida.

Francisco Vázquez, *Op. cit.,* p. 12

38) Antonio García Vargas

Jugando con la reina en su lecho de ajedrez

Por el tablero avanzan los peones,
en ristre la alabarda bien alzada,
la cara por el miedo amoratada
y el ansia de luchar por sus pendones.

La estrategia no sabe de razones;
tras ellos los alfiles, camuflada
su magia fabricando la emboscada
con sus fieros caballos percherones.

Mil guardias en las torres al acecho,
el rey entre bostezos, muy pulido,
pide a la reina salga de su lecho.

La bellísima dama, enfurecida
da jaque en un lance bien medido
y en el siguiente acaba la partida.

En La Magia del Ajedrez
Poemas y ensayos poéticos dedicados al ajedrez (12 de julio de
2007)
www.magiadelajedrez.blogspot.com

39) Lobo Mora

Ajedrez. Soneto

Ejército cristiano está en un lado
y enfrente el califa pendenciero,
vestidos blanco y negro en el tablero
primordial lid y juego ha comenzado.

Piezas blancas inician lo pactado,
los peones avanzan los primeros,
orden hay de que no haya prisioneros.
La torre con el caballo de aliado

libera al elefante amenazado
ayudando a la reina en el combate
destrozando el enroque, reina abate

dando jaque, a rival acorralado
persiguiendo a rey, solo y asustado;
termina blanca reina el jaque mate.

Aportado por la web: mundopoesia.com

40) Rafael Frías Toribio

Comienza la partida

Llego a la mesa, saludo y me siento,
completo las piezas sobre el tablero,
cojo el papel y apunto con esmero
el primer meditado movimiento.

Mi rival me observa desde su asiento
y mueve sin dudar un caballero,
medita cauteloso un plan guerrero
que tengo que dejar en simple intento.

Y me adentro sin miedo en la espesura,
voy viendo como las piezas encajan:
mi mente se desplaza en la apertura,

Mi imaginación astuta trabaja
buscando algunos trucos y diabluras
para ganar un poco de ventaja.

En la citada web: La magia del ajedrez (8-7-07)

41) Josep Fàbrega i Selva

Aquest tauler d'escacs

Aquest tauler d'escacs amb tres figures
de vori i de banús on la batalla
pren caire de duel més que batussa
d'exèrcits foguejats em diu que calen
les treves d'altre temps, quan la cugula
enverinava xeixes i civades
i feia malvé el temps de la beguda
si tocava segar un xic lluny de casa.
El rei –eben i ceptre-, fart de lluita,
retut i exhaust, espera el cop de gràcia;
té els ulls tancats i por sota les ungles,
i enyora el vell botxí, perquè hi jugava
a l'hora dels adéus en fer-se llustre.
Avui, un altre cop, guanya la dama.

Este tablero de ajedrez con tres figuras
de marfil y de ébano, donde la batalla
toma el aire de duelo más que de pelea
de fogueados ejércitos, me dice que se necesitan
las treguas de otro tiempo, cuando la avena loca
envenenaba el trigo blando y las avenas
y malbarataba el tiempo de la bebida
si tocaba segar algo lejos de casa.
El rey —ébano y cetro— harto de lucha,
rendido y exhausto, espera el golpe de gracia;
tiene los ojos cerrados y miedo bajo las uñas,
y añora al viejo verdugo, porque con él jugaba
a la hora de los adioses en el crepúsculo.
Hoy, de nuevo, gana la dama.

Josep Fábrega i Selva, *Guanya la dama (Premi Betúlia de Poesía Memorial Carme Guasch 2013 de Badalona)*, Viena Edicions, Barcelona 2013, p. 47.

42) Enfero Carulo y Luis María Pérez,

7 BLANCAS P4 AR

¿Es hermoso el camino hacia la muerte?
¿Esta ruta fatal tiene un sentido?
¿Es posible que todo lo vivido
sea luz que en negrura se convierte?

La claridad más prístina se vierte
en el acero impacable del olvido
y todo acaba ahí, con un latido
que troca carne viva en carne inerte.

¿De qué color será la nada mía?
Sabiéndome antesala de esqueleto
¿De qué me sirve la filosofía?

Yo soy sólo un peón y me someto;
el rey merece todo mi respeto,
pero mi miedo es mío. Y mi agonía.

Pero, esta continuación, inicia un ataque presionando en el flanco de Rey.
Además, amenaza 8. P5R. Tanto el desarrollo como la libertad de
movimiento favorecen a las blancas, aunque la posición de las negras es
sólida.

Enfero Carulo y Luis María Pérez, *Andrés y la celada,*
Editorial Dalya, San Fernando, 2023, p. 40 (Los comentarios
en prosa son de los autores).

43) Enfero Carulo y Luis María Pérez

19 NEGRAS D X A

¡Ya empezó la matanza, esto es muy duro,
se han cargado el alfil, tan altanero
con sus prístinas fundas de oro y cuero,
en el campo ya nadie está seguro!

Ya no tiene soberbia ni futuro
ni presente, ni mitra, ni es tan fiero;
ya conoce el reposo del guerrero,
ya reside en el reino de lo oscuro.

Fiel alfil, sabio alfil, si yo pudiera
ofrecerte este día en homenaje
nuestro triunfo sabría más que a gloria.

Pero ay, toda gloria es pasajera
y termina en la nada cualquier viaje
y es efímero el hombre y su memoria.

Forzado, conforme a lo previsto.

Enfero Carulo y Luis María Pérez, *Op. Cit.* P. 67

44) Enfero Carulo y Luís María Pérez

32 BLANCAS T 1 R
NEGRAS P 6 C

—Sitúo en esta torre una difusa
y opaca niebla extraña, un simulacro
que sirva como un sobre en el que lacro
mi trampa con paciencia de Medusa.

—Aguardo, pero aquí no hay ciencia infusa
que sirva a mis proyectos, me demacro
y espero en vano algún designio sacro
que aclare mi cabeza tan confusa.

—Ya pica, es el designio de los dioses,
proclives a encelar y en consecuencia,
me sobran ya las redes y las poses.

—Por fin tendrá su premio la paciencia,
llegó la hora letal de los adioses,
no cabe ya demora ni clemencia.

¡¡Gracias Dios mío!! Pero el espejismo de "ver ya concluida la partida a su favor", (nada fácil de prever tan tentadora "oferta") hizo a las negras caer en sus redes, ya que a 33. T8R+, R2T, parece que el rey negro queda a salvo. Pero...

Enfero Carulo y Luis María Pérez, *Op. Cit.* p. 90

2.2.-METÁFORAS DEL AJEDREZ

2.2.1. Comparación con la vida

45) Francesco Bracciolini, (1566-1645)

Dai soneti dedicati a Lena Fornaia

Su lo scacchier di questa nostra vita
Fortuna ordinatrice i pezzi pone
Re, Cavalli ed Alfier altri propone;
Bassa di Fanti a piè turba infinita.

Segue il conflitto, ogni campion s'aita
Qual abbate e qual muor nell'amplio agone,
Qual e'vittorioso e qual prigione,
Ma la guerra in bre'ora ecco finita.

E gli scacchi riposti entro un vascello
Le lor condicion tosto cangiando
Restan confusi i vincitor coi vinti.

Strana mutazion sossopra in quello
Vedi l'infimo addoso al venerando
E le Lene Fornaie a Carli Quinti.

De los sonetos dedicados a Lena Fornaia

En el tablero de ajedrez de nuestra vida
la Fortuna ordena colocar las piezas
a Reyes, Caballos y Alfiles otros antepone;
multitud a pie interminable de Peones.

La guerra comienza, los campeones se ayudan,
quien derriba y quien muere en el vasto juego,
quien sale victorioso y quien prisionero,

y las piezas se guardan en un pocillo
su condición duramente cambiando
confundiendo a vencedores con vencidos.

Una extraña mutación del revés aquella
que ve al venerable bajo el ínfimo
y a las Lenas Fornaias sobre Carlos Quintos.

Sonetti del celebre poeta Francesco Bracciolini di Pistoja in lode della Lena Fornaia en *Poesie di eccelenti autori toscani: per far ridere le brigate. Volume 1.*Leida, 1823, Preso G. Vander Bet, p. 84. También, con ligeras variantes, en: *Poesie giocose di vario Genere di Francesco Bracciolini Pistoliese*, Yverdon, MDCCLXXXII books.google.es>books
La Societa Scachistica Triestina 1904
Scacchi e cultura Poesie sugli scacchi ofrece el soneto pero atribuyéndolo erróneamente al humanista Gianfrancesco Poggio Bracciolini (1380-1459)
www.sst1904/scacchi.cultura/poesies1.html

46) Lope de Vega

A San Roque (Soneto LXXI de las *Rimas sacras*)

Jaque de aquí con este santo Roque,
peste cruel, que quiere Dios que aplaque
este bordón con su divino jaque
todo peligro que a los hombres toque;

y que las piezas del contrario apoque,
y el alma dama en el postrer escaque,
libre de tretas y peligros saque
cualquiera que su nombre santo invoque.

Procura el negro arfil que el hombre peque,
y con sus tretas ya le pone a pique,
porque de la piedad la oliva seque.

Mas Roque hace que el bordón se aplique
a la espada de Dios, y el rigor trueque,
y que su cruz a Cristo signifique.

Soneto aportado y comentado en mi libro *Lope de Vega y el ajedrez*, Ed. Trialba, Barcelona, 2018, pp. 51-54.

47) Arturo Capdevila

Ajedrez (39)

¡Jaque!... Gran juego, ¡y cómo se parece a la vida!
Por un mito nos damos a una inflexible ley.
Las dos filas de piezas, lo mismo que en la partida
no tienen otro oficio que defender su rey.

Y luego, quien no sabe ser ágil y certero,
quien peca por ingenuo, quien yerra por febril,
desequilibra el justo juego de su tablero
y pierde una tras otra las piezas de marfil.

El que no se recubre de una apariencia opaca,
el que no es, siendo búho, como el buitre además;
ese ni gloria obtiene ni beneficio saca:
hay que llegar de lado, hay que caer de atrás.

¡Ay del que fue romántico en la partida fútil!
Bien le urdirá el destino su estrecho jaque hostil.
(…)

Poema del escritor argentino incluido en el libro El poema de
Nenúfar (1915). Citado en la web Ajedrez 12
(www.ajedrez12.com/tag/arturo-capdevilla/ y en el artículo de
Sergio Ernesto Negri, "Arturo Capdevila, poesía sobre ajedrez
y ensayo sobre el legado árabe".

48) Frank Preston Stearns

A Game of life

The life of man is like a game of chess,
The which he plays according to his art;
Winning or losing he doth nothing less
Than to obey the dictates of his heart.

Himself against himself, he ever sets
His knights, pawns, castles in a proud array;
His soul the stake he on the issue bets,-
Too great a prize to risk in thoughtless play.

His conscience on one hand the white men guide,
Desire with equal skill the red direct;
An angel and a demon on each side
Survey the game, -for its result elect.
If thou wouldst win, and not thy future rue
Subdue thyself, yet to thyself be true.

El juego de la vida

La vida del hombre es como una partida de ajedrez,
a la que juega conforme a su arte;
venciendo o perdiendo no hace nada menos
que obedecer los dictados de su corazón.

Él mismo contra sí mismo, siempre dispone
a sus caballos, peones, torres en una altiva formación.
Aquí lo que está en juego es su alma,
un premio demasiado grande para arriesgar en un juego
                                                    [irreflexivo.

Su conciencia por un lado guía a las blancas,
y el deseo guía a las rojas con pericia similar;
a cada lado un ángel y un demonio
supervisan la partida para dirimir el resultado.
Si quieres vencer, y no lamentar tu futuro
debes contenerte, y a la vez ser fiel a ti mismo.

F. Preston S. fue un escritor abolicionista norteamericano
(1846-1917). El soneto puede leerse en:
www.pinterest.es/cityoflife/easter-ideas

49) David Solway

Perpetual check

The fiscal bishops tear their mitred air,
in tortured resignation come upon
another botched account they cannot square.
The kingdom's in the hands of Shylock Pawn.

The king has squandered all his revenues
and brought his mandate into mere disgrace,
suspecting there is always more to lose:
his queen, the game, self-possession, hope, face.

And so the king refuses to lament
what his exchequer cannot solve or mend
but spends again what is already spent.
It is as if he doubted at the end

prosperity could balance or redress
the regal magnanimity of loss.

Los alfiles fiscales rasgan su aire biselado,
en torturada resignación encuentran
otra chapucera cuenta que no pueden cuadrar.
El reino está en manos de Shylock Peón.

El rey ha despilfarrado todos sus ingresos
y ha traído la desgracia a su mandato,
sospechando que siempre hay más que perder:
su reina, la partida, sus posesiones, la esperanza, las maneras.

Así que el rey rechaza lamentarse
frente a lo que su tesoro no puede resolver o reparar
pero gasta de nuevo lo que ya se gastó.
Es como si dudara al final
de si la prosperidad podría equilibrar o reparar
la regia magnanimidad de la pérdida.

David Solway, *Chess Pieces,* McGill-Queen's Univertity Press,
Montreal & Kingston. London.Ithaca, 1999, p. 53.
(También puede leerse en: www.books.google.es>books)

50) Héctor Óscar Santos

Pieza tocada

Pieza tocada debe ser movida
una fundamental regla del juego,
una copiada de la vida
pues no se puede actuar y pensar luego.
Siempre hay un ganador en la partida
no siempre es el mejor y el estratego
el que frente al destino se intimida
seguro perderá, sabiondo o lego.
El hombre que a sí mismo no se cuida
confiando en el azar, eterno ciego
casi siempre resigna su partida.
Preciso es desechar azar y ruego
que en ajedrez lo mismo que en la vida
lo que ya se jugó no va de nuevo.

Del libro: *Lunfardeando en los noventa*
En la página: El ajedrez en la expresión poética
www.efdeportes.com/efd186/el-ajedrez-en-la-expresion-
poetica.htm

51) Héctor Óscar Santos

Teoría

Yo juego mi partida malamente
quizá sea por falta de teoría,
no aprendí con los triunfos solamente
mucho más coseché cuando perdía.
La vida sin embargo a quien la enfrente
le propondrá problemas día a día,
no tengamos temor, siempre de frente,
el triunfo sin luchar es utopía.
Luchemos con valor, el indolente
jamás escapa de la medianía,
no importa quien se nos coloque en frente.
Lo que hagamos con fuerza e hidalguía
ha de ser la verdad pues nadie miente
cuando tiene valor, fe y valentía.

Del libro *Lunfardeando en los noventa*
Sacado de la citada web: *El ajedrez en la expresión poética.*

52) Don Paterson

Le joueur d'échecs

In films, the end will come as a surprise
one move after the move you loudy name
in that long-outmoded fashion that implies
you're in film, or this is your first game.
Then the child or drunk or talking duck
will hold your gaze as they declare you mated,
whereupon you learn what fools call luck
is only what was not anticipated.

In life, we tip the king. We call that class.
But not you, friend: no, you stuck to the plot
to walk me later past the cameras
and down the platform to the x-marked spot...
Yet here we are, the back rank of the Vic,
your white throat in the dark, the silent flick.

En las películas, el final vendrá como una sorpresa
un movimiento después del movimiento tu nombre ruidoso
en ese largo modelo anticuado, manera que da a entender
que tú estás en la película, o que este es tu primer juego.

Entonces un niño o un borracho o el pato hablante
sostendrán tu mirada mientras ellos te declaran mate,
con lo cual tú aprendes que lo que los tontos llaman suerte
es sólo lo que no se anticipó.

En la vida, nosotros avisamos al rey. Nosotros llamamos a eso
                                                            [clase.
Pero no tú, amigo: no, tu pusiste a la trama
para acompañarme luego más allá de las cámaras
y debajo de la plataforma la X del lugar marcado…
Pero aquí estamos, el rango de los Vic,
tu blanca garganta en la oscuridad, el silencioso coletazo.

Don Paterson, *40 sonnets,* Ed. Faber&Faber, London, 2015, p. 32

53) Ernesto Bustamante

Ajedrez de clases. A los proletarios jaqueados. Nunca rendidos

Parece que perdemos la partida
enroca, hábil la maldita burguesía,
efectúa sus "progresistas" movidas,
siempre juega con total hipocresía.

Clase media presiente su caída,
satura las calles con gendarmería,
para ganar controlan nuestras vidas;
¡vaya riesgo, gendarmes y policías!

Los peones estamos amenazados;
ellos piensan que nos tienen en jaque,
pronto estaremos bien organizados.

Por cada ataque, nuestro ¡contra ataque!,
y con ajedrecista paciencia
habrá mate al estado y su vigencia,

en esa partida la clase obrera
juega por una vida verdadera.

E. Bustamante, *Sone(s)tos obreros*
En entrevista al autor, *La Izquierda. Diario* publica el soneto
(18-2-2017).

54) Néstor Quadri

Soneto al ajedrez jubilado

En el monitor, dos bandos de distintos colores
luchan en un final de ajedrez jubilado.
Sólo hay un rey postrero en cada lado
torres homéricas y peones agresores.

Las otras piezas que irradian mágicos rigores
no existen en ese tablero tenuamente tramado.
Al ganar, el rey de Borges se siente regocijado
pero debió sufrir largos jaques acosadores.

Igual que en ajedrez, en el devenir de los días
los jugadores serán felices al vencer
en el tramado claro oscuro de sus biografías.

Mas para su logro deberán padecer
y al jubilarse en la vida, esas alegrías
sólo habrán sido instantes del largo acontecer.

En la web: www.tabladeflandes.com

55) Alex Courant,

Cual pieza de ajedrez

Cual pieza de ajedrez han caído los años.
Ya no somos los mismos sobre el vasto tablero,
partida tras partida, implacable y certero,
el tiempo sigue y sigue con bríos y redaños.

Frente al espejo somos cada vez más extraños,
nuestros firmes peones han malogrado el fuero,
el antes fiel caballo lo alquila el mulatero,
los solemnes alfiles lucen como musgaños.

Hasta las grandes torres, con sus altanerías,
se desmoronan míseras, ruinosas, polvorientas.
Sólo en las negras noches y los blancos días

la reina junto al rey resisten sin revoque,
con las guardias ceñidas, las almas irredentas,
en un abrazo eterno, en un triunfal enroque.

Colgado en El Portal Literario Mundo Poesía el 21 de
septiembre de 2009

56) Joan Margarit

Imatge en un vidre

A J. Fauli

Un home gran a qui el que més agrada
és fer l'amor, llegir i la soledat.
Buscar poemes en la matinada.
Treballar d'arquitecte, ser oblidat
en alguna infinita reraguarda.
Algú que a voltes ha precipitat
els seus judicis i que, a la vegada,
els ha rebut també precipitats.
En el tracte amb els altres, sempre errat.
Ara busca alguns anys de lucidesa
—el més semblant a la felicitat.
Per això ha plantejat la seva vida
com si passés en un tauler d'escacs.
I mai no oblidarà que està jugant.

Un hombre mayor a quien lo que más le gusta
es hacer el amor, leer y la soledad.
Buscar poemas al amanecer.
Trabajar de arquitecto, ser olvidado
en alguna infinita retaguardia.
Alguien que a veces ha precipitado
sus juicios y que, a su vez,
ha recibido también algunos de precipitados.
En el trato con los demás, siempre equivocado.
Ahora busca algunos años de lucidez
—lo más parecido a la felicidad.
Por eso ha planteado su vida
como si transcurriera en un tablero de ajedrez.
Y nunca olvidará que está jugando.

Joan Margarit, *Aguafuertes,* (Trad. del autor), Ed.
Renacimiento, Sevilla, 1998, p. 134

2. 2.2 La confrontación amorosa (40)

57) Niccolò Salimbeni

Sonetto (1290)

Dugento scodellin di diamante
Di bella quadra l'an vorria ch'avesse,
E dieci rosignoli, che stetesse
Dinanzi lui, facendo dolci canti.

E cento millia some de bisanti,
E quante belle donne a lu piacesse;
E si vorria c'a scacchi on om vincesse
Dandogli rocchi et cavaller innanti.

E l'eritropia avesse in balia
Quello, a cui in detto ho tanto dato,
Che certo in fatto ancor più lo vorria.

Ch'ell' ha di me tutta la signoria.
E ha il mio cor di te soggetto fato
Per lo diletto di sua compagnia.

Doscientas vasijas de diamante
de buen cuarto quisiera que tuviera,
y diez ruiseñores, que estuvieran
ante él, entonando dulces cantos.

Y cien mil sumas de besantes,
y cuantas mujeres hermosas le gustaran;
y si quisiera al ajedrez vencer a un hombre
torres y caballos ante él pondría.

Y el heliotropo tuviese a merced
aquel a quien de hecho he dado tanto,
ciertamente, incluso más lo querría.

Pues tiene todo el dominio de mí.
Y tiene mi corazón sujeto a tu destino
por el deleite de su compañía.

Citado por Giulio Bertoni en *Studi medievali,* Loescher,
Torino, 1911, vol II, en la nota de la pág. 407.
(Soneto de 1293 comentado en la web Uno scacchista.
Annotazioni, spigolature, punti di vista e altro da un
appassionato di cose acacchistiche.)

58) Matteo Bandello

Rime, Sonetto CLV (1480-1562)

Spesso Madonna a scacchi far m'invita
E piglia per suo Rege un dolce sguardo.
Belleza per Reina, ed ond'io mi ardo,
Con que' begli occhi per Arfil s'aita.
Rocche 'l parlar, e fa la speme ardita
E pace e guerra cavalcar i' guardo
Motti, sdegni, furor; atender tardo
Atti, cenni, no…si…pedoni addita.
E io per Rege le appresento il core
Con pietoso mirar, con gli occhi morti
Tema, silenzio, ardor e gelosia.
Strazio, pianto, servire, riso, dolore
Fede, credenza e passi male accorti:
Ma beltà dammi scacco tuttavia.

Rimas, Soneto CLV

A menudo a jugar al ajedrez mi Dama me invita
y como Rey escoge una dulce mirada.
Belleza como Reina, y por la que yo ardo,
como Alfiles, de sus hermosos ojos se ayuda.
Torres son su hablar, y la esperanza hace osada
y paz y guerra yo veo cabalgar
dichos, desdenes, furor; lenta espera
actos, gestos, no... sí... a los peones apunta.
Y yo como Rey le ofrezco el corazón
con mirada compasiva, con los ojos muertos
temor, silencio, ardor y celos.
Tormento, llanto, servicio, risa, dolor
fe, creencia y desatentos movimientos:
Pero belleza no dejes de darme jaque.

M. Nicodemo, *Op. cit.*, p. 115

59) Francesc Vicens Garcia, rector de Vallfogona

A una dona que presumia de hermosa

Ai, ai! Mal hajau vós, dama de escac,
Crec que deveu pensar que só algún llec
I que no me ha caigut lo groc del bec
Tras que, en lo mar de Amor, só estat lo drac;

Ab quantes fletxes porta en son buirac
No traurà de mon cor sols un gemec:
Passà el temps que, ab un feix de llenya sec,
Pujava al sacrifici com Isac!

Millor un cent de corbs la cara us pic,
Que a mi se'm dona un clau que en vostre emboc
Me guanye marso el joc qualsevol truc,

Que, ab tot que no só bo, ni só molt ric,
Quan l'ham enganyador, golós, emboc
Amor sap que no em pesca ab tan vil cuc!

¡Ay, ay! Maldita vos, dama de ajedrez,
creo que debéis pensar que soy alguien ignorante
y que no me ha caído el amarillo del pico
tras lo cual, en el mar del Amor, he sido el dragón;

con cuantas flechas trae en su carcaj
no sacará de mi corazón un solo lamento:
Pasó el tiempo que, con un haz de leña seca,
subía al sacrificio como Isaac.

Mejor que un centenar de cuervos os piquen la cara,
que a mí no me importa un comino que en vuestro emboque
me gane al juego cualquier truco,

que, todo que no soy bueno, ni soy muy rico,
cuando, goloso, devoro el anzuelo engañoso
amor sabe que no me pesca con tan vil gusano.

Francesc Vicens Garcia, Sonets, (Prefaci de Giuseppe Grilli),
Ed. 62, Barcelona, 1979, p. 105.

60) Frei Bernardo de Brito

Soneto a Silvia estando jogando ao xadrez

No jogo de xadrez, que estais jogando
veréis d'amor a traça debuxada,
pois cada peça dessas ponderada
está novos segredos ensinando,

Porque nessa de Rei que ides mudando,
e noutro do Peâo que vai jogada,
com a Dama que está d'ambos cercada
se vâo as leis d'amor manifestando.

Maravilhas sâo todas de Cupido,
que fazendo a ventura desiguais
os vassalos dos reis em honra, e fama,

Ele com nova força engrandecido
os faz em dores d'alma ser iguais,
e servir igalmente a qualquer Dama.

En el juego de ajedrez que estáis jugando
veréis del amor la traza dibujada,
pues cada pieza de esas ponderada,
está nuevos secretos enseñando.

Porque en esa del Rey que vais mudando,
y en otra del Peón que va jugada,
con la Dama que está de ambos cercada
se van las leyes del amor manifestando.

Maravillas son todas de Cupido,
que haciendo las suertes desiguales
los vasallos de los reyes en honra, y fama,

Él con nueva fuerza engrandecido
los hace en dolores de alma ser iguales,
y servir igualmente a cualquier Dama.

En: *De la playa occidental. Panorama de la poesía portuguesa,* (Selección y prólogo de José Salgado), Santiago: RIL editores, 2003, p. 59. https://books.google.es>books (El libro *Silvia de Lisardo* (1597), obra poética de Fray Bernardo de Brito, está a la venta en varias librerías.)

61) Pier Francesco Giambullari

Simile è l'amor mio di Scacchi al gioco,
Ov' i molti pensier scusano i fanti,
E i rocchi poi, che stan sovra i duo' canti
L'opra, e la volontà son con che io gioco;
Dei Cavalier, che stan raro in un loco
Speranza é l'un, la morte degli amanti;
Gelosia l'altro, pien di angustie, e pianti,
Gli Alfier, tema, e desìo sembran non poco.
La donna il piacer è, che tutto guida,
Il Re l'almo, che star debbe nascosto,
O scoprirsi non mai senza bel tratto.
Dice scacco il desire, alla cui sfida
Ho ben più volte una pedona opposto;
Ma la donna, e'l caval poi lo fan matto.

Similar es mi amor del ajedrez al juego,
donde los muchos pensamientos disculpan a los peones,
y las torres después, que están sobre los dos cantos
la obra y la voluntad son con las que juego;
de los Caballos, que raramente están quietos
uno es la esperanza, la muerte de los amantes;
celos es el otro, lleno de angustia y llantos,
los Alfiles, de temor y deseo están llenos.
La Dama es el placer, quien todo guía,
el rey el alma, que debe estar oculto,
o no descubrirse nunca sin una buena salida.
Dice jaque el deseo, a cuyo desafío
muchas veces un peón he opuesto;
pero la dama, y el caballo al fin le dan jaque mate.

Saggio di poesie inedite di Pier Francesco Giambullari publicate par le fauste nozze del sig. Cav. Francesco Arrigui (...) Teresa Ricasoli. Firenze, Presso la Stamperia Magheri, 1820, p. 2.

62) John Augustus Miles

**Sonnet. (Acrostical) To Miron and Phania;
on the day of their Silver Wedding**

Miron and Phania, on your bridal day,
In joyful strains Caissa's votaries sing.
Round your dear heads may Love a halo fling
Of *silver*light; in emblematic ray,
Now lustres five have gently passed away.
And may succeeding years fresh pleasures bring;
Nor in your bosoms leave a single sting,
Down Life's bright path while onward still you stray.
PHANIA, sweet muse of Chess, be ever thine
Happy to dwell in the far Western land:
And with your Miron hand and heart t' entwine,
Never to part, till you shall, one day, stand
In grim Death's presence; (be his advent late!)
And He, relentless, gives the Final Mate.

Soneto acróstico para Miron y Phania
en el día de sus Bodas de Plata

Mirón y Phania, en vuestro día nupcial,
alegres cantan los devotos de Caissa.
Alrededor de vuestras queridas cabezas, el amor puede dibujar
[una aureola
de luz plateada; en emblemático rayo,
ahora cinco lustros han discurrido suavemente.
Y puede que los sucesivos años traigan dulces placeres;
Sin dejar ni un ardor en vuestros senos,
por el brillante camino de la vida mientras hacia adelante os
[alejáis.
Phania, dulce musa del ajedrez, sé siempre
feliz de habitar en la lejana tierra occidental:
y con tu Mirón, entrelazad mano y corazón,
y no os separéis nunca, hasta que un día debáis
en presencia de la sombría muerte; (¡que tarde su llegada!)
y ella, despiadada, revele su Mate Final.

July, 1878

John Augustus Miles, *Poems and Chess Problems*, Fakenham, Norfolk: Published by the aucthor, 1882, p. 53 (Publicación facsimilar de la Leopold Classic Library).

63) John Campbell-Kease

Shah Mat

(The King is dead)

"Knight to King bishop three", your quiet words
Across the polished table bring to me
With curt precision what in former times
Might end at daybreak on a frosty ground,

Or I have read as much. Each battlefield
Is like another: hand-wrought jousting lance,
A stretch of lawn, silk sheets, a surgery,
But none perhaps so ominous as these.

Arrayed in formal challenge, rank and file.
Your painted smile and coloured finger-ends
Caress the symbols of day's despair

And you advance with mock simplicity,
Which I admit, but there are other days-
"My move! I say, and sally forth to fight.

"¡Caballo a Rey alfil tres!", tus tranquilas palabras
al otro lado de la pulida mesa me aportan
con absoluta precisión lo que antaño podría
haber terminado al amanecer en terreno helado.

O al menos eso he leído. Cada campo de batalla
es como los demás: lanzas de justas forjadas a mano,
un tramo de césped, telas de seda, cirugía,
pero ninguno tan siniestros como estos.

Dispuestos en un desafío formal, los subordinados.
Tu sonrisa pintada y tus yemas coloreadas
acarician los símbolos de la desesperación

y avanzas con un simulacro de simplicidad,
lo cual yo admito, pero aquí hay otros días
en los que digo: "¡Me toca!", y salgo a la pelea.

The Poetry of Chess, (Edited and introduced by Andrew
Waterman), Anvil Press Poetry Ltd, London, 1981, p. 127.

64) Enrique Díez-Canedo

(42) **Partida de ajedrez**

Como es un juego noble y señorial
apropiado a tu ingénita altivez,
jugamos gravemente al ajedrez
en el salón severo y ancestral.

Ordenas, como experto general,
las chinescas figuras, que tal vez,
en marfil comparable al de tu tez
labró un paciente artífice oriental.

Y si acaso me miras con fijeza
cuando hacen avanzar alguna pieza
tus dedos enjoyados y sutiles,

ponen con la rudeza de su ataque
a mi rendido corazón en jaque
tus negros ojos, como dos alfiles.

Incluido en *Algunos versos*, 1924
El soneto lo aportan varias webs, como la del Centro Virtual
Cervantes (CVC.cervantes.es) y Ajedrez. Publicaciones
universitarias.

65) Francisco Luis Bernárdez,

(43) **Soneto del amor unitivo**

Tan unidas están nuestras cabezas
y tan atados nuestros corazones,
ya concertadas las inclinaciones
y confundidas las naturalezas,

que nuestros argumentos y razones
y nuestras alegrías y tristezas
están jugando al ajedrez con piezas
iguales en color y proporciones.

En el tablero de la vida vemos
empeñados a dos que conocemos,
a pesar de que no diferenciamos,

en un juego amoroso que sabemos
sin ganador, porque los dos perdemos,
sin perdedor, porque los dos ganamos.

CIUDAD SEVA. Casa digital del escritor Luis López Nieves
www.ciudadseva.com/textos

66) Carlos Murciano

Donde el poeta juega con su amada
y cuenta cómo pierde la partida

Las blancas para ti —luego tú sales—
y para mí las negras. Lo sabía.
Palabra, amor, palabra que tenía
negras las consonantes y vocales.

Hay un poco de luna en los cristales
y otro poco de luna en mi alegría…
Volveré al juego amor… Me distraía
y no sentí tus tiros verticales.

Alfil que ataca, torre que se entrega.
Caballo blanco… (¿Whiski?) ¡No te digo
que no está mi horno, amor, para el combate!

Reina que avanza, Rey que se doblega…
Y de pronto me miras —dudo, ¿sigo?—
recto hacia el corazón… Y jaque mate.

El poema es aportado por varias webs, entre ellas Artejedrez,
www.poemas.net, paginasarabes.com., y amedia voz

67) Anónimo

Chess sonnet

A friend wrote this for me... (Jan 27, 2010)

Shall I compare the to a back rank mate?
Thou art more captivating and rare
Rough moves do happen and then you take
Bare kings with only a queen rook pair
Sometimes too fast the game is play'd
And doubled pawns are left for dead
But were't not for hearts staunch blockade
Our checkered souls so leaden made
Do not so lightly use, the Sicilian's Defense
(for Kasparov has made it known)
The Game of Kings is not of chance
And settled only by hearts adjudication
And by this our pawns shall never part
For you've the checkmate of my heart.

¿Debería compararte con un compañero de rango inferior?
Tu arte es más cautivador y singular.
Los movimientos bruscos suceden y luego tomas
reyes descubiertos con sólo un par de torre y reina.
A veces se juega demasiado rápido
y los peones doblados se dan por eliminados
pero nuestras almas a cuadros no estaban preparadas
para un bloqueo tan sólido de los corazones.
No uses tan a la ligera la Defensa Siciliana
(usada por Kasparov, es conocido)
el Juego de Reyes no es de suerte
y sólo se resuelve por la adjudicación de corazones.
Y por esto nuestros peones nunca se separarán
porque tienes el jaque mate de mi corazón.

Linda Palmer lo publicó en la web: www.chess.com

68) Gerard Vergés

(44) **Juquesca**

A Jaume de Cessoles, o Cesulis,
autor d'un Llibre dels Escacs

Us asseguro que amb un sol alfil
(vostre candor, senyora, no us retrac)
he de ferir de mort i fer-li escac
a la bonica reina de marfil.

Dels meus propòsits, tot seguint el fil
he preparat curosament l'atac
i tinc ja la partida dins el sac.
(Si m'erro, em podeu dir cavaller vil.)

Vostra derrota, Violant, s'acosta
i jo ja sento aquell preuat delit
que dolçament el cor fa bategar.

S'ha de pagar puntualment l'aposta
i, doncs perdeu el joc, anem al llit.
(¿O és que potser m'haveu deixat guanyar?)

Apuesta

A Jaume de Cessolis, o Cesulis,
autor de un Libro de ajedrez

Yo, con un solo alfil, os lo aseguro,
(vuestro candor, señora, no os lo reprocho)
voy a retar a muerte y a dar jaque
a la preciosa reina de marfil.

Atendiendo a un propósito seguro
con esmero el ataque he preparado
y tengo la partida ya en el saco.
(Y si yerro podéis llamarme indigno).

Violante, mi victoria se aproxima
y yo ya siento aquel preciado anhelo
que dulce al corazón hace latir.

Las apuestas se pagan puntualmente:
os he ganado, vamos a la cama.
(¿O es que, tal vez, habéis perdido adrede?)

El soneto puede leerse en Gerard Vergés. *Antología poética*
(www.cervantes virtual.com>html) También puede escucharse
cantado por Robert Faltus en *Cançons de Mandràgora.*

69) Francisco Delgado-Iribarren

Las blancas y las negras

Las blancas eres tú cuando me miras.
Las negras cuando no me quieres ver.
Las blancas es tu modo de querer.
Las negras los reproches que me tiras.

Las negras son excusas y mentiras.
Las blancas, nuestra voluntad de ser.
Las negras, nuestro miedo a perder.
Las blancas, la amplitud de nuestras miras.

Las blancas eres tú cuando me besas,
el sueño compartido entre los dos,
saber que yo te amé y tú me amaste.

Las negras la ruptura de promesas,
esa carta en que me dijiste adiós
y solo para siempre me dejaste.

Francisco Delgado-Iribarren, *Opus cit.* P. 66.

70) Francisco Delgado-Iribarren

Lo que fui por ti

Al principio fui torre que sostuvo.
Más tarde fui caballo que corrió.
Fui peón que con brega peleó.
Y también fui alfil que te entretuvo.

Fui el rey que en la palma te retuvo.
Incluso reina que por ti sufrió.
Fui el que a tu victoria te ayudó.
El que la fe en ti siempre mantuvo.

Por supuesto, también me equivoqué,
y sin quererlo tu alma lastimé,
pero fui siempre tu leal vasallo.

Comprende que me sienta ahora así,
dado que yo he sido para ti
torre, alfil, reina, rey, peón, caballo.

Op. cit. p. 72.

2.2.3. El ajedrez y la muerte

71) Blas de Otero

Por ahí pasa la muerte

Han pasado los años: sigo vivo,
y cansado, y tenaz hasta las heces
cien veces que naciese, tantas veces
viviera y escribiera como escribo.

Puesto ya el pie en el estribo,
cito a morir, espejo en que apareces
doncel sin par, peón de doncelleces
en el tablero del azar cautivo.

Tarde de sol, ya tarde y peligroso
quebrar junto a las tablas el envite
instantáneo del tiempo presuroso.

Cruje la luz, la sombra suena al paso
del repentino y fugitivo quite,
fino percal tendido hacia el ocaso.

Blas de Otero, de *Todos mis sonetos* (1977) en *Poesía escogida,* (Edición de Sabina de la Cruz y Lucía Montejo), Ed. Vicens Vives, Barcelona, 1995, p. 169.

72) Carilda Oliver Labra

(45) **Sonetos a mi padre (II)**

Ha llegado el dolor violentamente
como llega la lluvia tras la aurora;
hoy sonrío de modo diferente:
con lágrima invisible que no llora.

(Y me digo en secreto: quizá pasa
y es injusto que sepa de este duelo,
y hasta sigo esperando en mi desvelo
por si pide la llave de la casa...)

No lo puedo creer... Te necesito,
estás muerto, mi padre, muertecito.
Jaque mate te dieron esta vez;

Pero loca, en delirio sobrehumano,
yo levanto tu pieza con la mano
y te pongo a jugar al ajedrez!

"Sonetos a mi padre" de *Las sílabas del tiempo* (1983)

Cf. la web: Palabra virtual. Audio y video en poesía y literatura

73) Luis García Arés

Pervivencia

Dura ya medio siglo esta partida
del juego de ajedrez, y en el tablero
me repliego tenaz ante el certero
acoso que me cierra la salida.

Es la Muerte el rival, y va la vida
en el mate sutil que con esmero
intuyo que me tiende el caballero
que a todos trata igual y que no olvida.

Cae la nieve en mi campo y ya hace frío;
no resisten su empuje mis bastiones
y sé que en su celada caeré luego.

Mas ¡qué importa! La dama, el amor mío,
ha tiempo que me dio cuatro peones
que, en cierto modo, seguirán mi juego.

Luis García Ares, *Sonetos interiores,* Ed. Arca de la Alianza Cultural, Madrid, 1987
La web Escacultura también aporta el soneto.

74) Maria Mercè Marçal

La mort t'ha fet escac i mat sense retop.
I de retop a mi, des del fons del mirall
que se m'encara, clos: no hi val amagatall.
Em sé arrapats al coll els tentacles del pop.

Sento l'údol del ca i el plany del llop.
El galop desbocat de l'hora i el cavall
del record que ens calciga, ja ni cassigall
del que fòrem, i el glaç que ens colga cóp a cóp.

No sé sortir d'aquest carrer tallat
a sang del mur on les ombres m'endolen
i on estrafaig només ganyotes de penjat.

I on et veig, cec als dies que s'escolen
sense donar-nos treva, en el tauler marcat
de la Mort, que ens ha fet escac i mat.

La muerte te ha dado jaque mate sin rebote.
Y de rebote a mí, desde el fondo del espejo
que se me encara, cerrado: no vale escondrijo.
Siento arrapados a mi cuello los tentáculos del pulpo.

Siento el aullido del perro y el lamento del lobo.
El galope desbocado de la hora y el caballo
del recuerdo que nos pisa, ya ni andrajo
de lo que fuimos, y el hielo que nos cuelga copo a copo.

No sé salir de esta calle cerrada
a sangre del muro donde las sombras me enlutan
y donde sólo remedo muecas de colgado.

Y donde te veo, ciego a los días que corren
sin darnos tregua, en el tablero marcado
de la Muerte, que nos ha dado jaque mate.

Maria Mercè Marçal, *Llengua abolida (1973-1988),* (46)
Eliseu Climent Ed., València, 2000, p. 425.

2.3. LOS JUGADORES

2.3.1. ¿Cómo es un jugador de ajedrez?

75) Enzo Monti

Lo scacchista

Lo sguardo assorto e il volto teso
per lo sforzo del pensier; che ogni cura
volge a cercar la mossa più sicura
che salvi il regno dal nemico ofesso.

Lo scacchista è sempre cosi preso,
che ogni cosa sia attuale sia futura
obblia e del caffè entro le mura
prigioniero dalla passione è reso.

Nulla existe per lui d'interessante
che lo distolga, ma solo l'idea
è il suo imperativo dominante.

La scacchiera è l'unica sua dea,
essa è la sua donna e la sua amante
di gioia e di dolori arbitra e rea.

El jugador de ajedrez

La mirada absorta y el rostro tenso
por el esfuerzo del pensamiento; que toda cura
busca encontrar el movimiento más seguro
que salve al reino del enemigo ofendido.

El ajedrecista siempre está tan concentrado,
que todo, ya sea actual o del futuro
olvida y entre las paredes del café
cautivo de la pasión se queda.

Nada existe para él de interés
que lo distraiga, solo la idea
es su imperativo dominante.

El tablero de ajedrez es su única diosa,
esta es su mujer y su amante
de alegrías y dolores árbitro y rea.

(En La Magia del Ajedrez)
www.magiadelajedrez.blogspot.com (Poema de 1980 colgado
el 10-8-07)
(El poema también figura en el blog:
treviglioscacchi.altervista.org Una picola antología y en el
citado libro de M. Nicodemo, p. 70).

76) Salvatore Ragaglia

Gli amici meravigliosi

Quando deluso il cor cede agli attachi
di un mondo sempre cinico e beffardo,
distogliendo dagli uomini lo sguardo
con voluttà mi dedido agli scacchi.

Ed in essi intravero un nuovo mondo
che innanzi a me si schinde misterioso,
più lo conosco e più divento ansioso
di volerlo conoscere più a fondo.

L'incruenta tenzòn, che senza brando
pur si affronta con animo guerriero
per misurar la forza del penseiro

ed arrichir lo sprito giocando,
mi placa, sottraendo ai miei pensieri
quelli più amari più affannosi e mesti,

e fiducioso mi abbandono a questi
meravigliosi amici bianchi e neri.

Los amigos maravillosos

Cuando decepcionado el corazón cede a los ataques
de un mundo siempre cínico y burlón,
apartando la mirada de los hombres
con deleite me dedico al ajedrez.

Y en ellos entreveo un mundo nuevo
que ante mí se abre misterioso,
cuanto más lo conozco, me vuelvo más ansioso
por querer conocerlo más a fondo.

La contienda sin sangre, que sin espada
incluso se afronta con espíritu guerrero
para medir la fuerza del pensamiento

y enriquecer el espíritu jugando,
me calma, quitando de mis pensamientos
aquellos más amargos, angustiosos y afligidos,

y confiado me abandono a estos
blancos y negros maravillosos amigos.

Una picola antología a cura de Nazario Menato
www.trevioscacchi.altervista.org

El soneto también lo incluye M. Nicodemo en su antología, que precisa datos sobre el autor (Catania1913-Amantea 2003) y la obra *Aneliti sussulti transparenze,* Centro Letterario del Lazio 1991.

77) Fernando Arrabal

Dernière partie classique du championat d'échecs... et un sonnet

...escojo una idea, elijo una apertura
un problema, un ataque... y los infundo,
cual densa dinamita, en lo profundo
de un plan que mi mente crea;

la trama al tablero lo rodea
con unos cuantos trebejos de este mundo
que se revuelcan en un empate inmundo
o sueñan con un mate que alardea;

la mecha enciendo; el juego se prepara,
el sacrificio revienta sin remedio,
y el cetro principal es quien lo paga;

aunque a veces también en ese asedio
que a mi "elo" sirve i que a la "fide" halaga
me coge la pasión de medio a medio.

En la web: La règle du Jeu
www.laregledujeu.org

78) Agostino Agostini

Lo scacchista pensatore

Silenzio amici, il pensator profondo
studia una mossa forte ed elegante,
una combinazione interesante,
ei, di capelle tessitor fecondo!

Si spreme la cervice, affina il pondo
per un gioco terrible ed elegante
e intanto giace, statico e snervante
sullo scanno fatal, meditabondo

Ei pensa ad una difesa originale
che possa trarlo dai previsti guai,
pensa una mossa intrépida e geniale,

Pensa e geme in silenzio tristi lai,
ei pensa ad un tranello micidiale,
ei pensa sempre, ma non gioca mai!

El ajedrecista pensador

Silencio amigos, el pensador profundo
estudia un movimiento fuerte y elegante,
una combinación interesante,
él, de casillas tejedor fecundo.

Se aprieta la cerviz y pondera
en un juego terrible y elegante
y mientras tanto yace, estático y desesperante
en el escaño fatal, meditabundo

piensa en una defensa original
que pueda sacarlo de apuros previstos,
piensa en un movimiento intrépido y genial,

piensa y gime en silencio tristes lamentos,
y piensa en una trampa mortal,
y siempre piensa, ¡pero no juega jamás!

M. Nicodemo, *Op. cit.* p. 67
También aporta el soneto: trevigliocachi.altervista.org
Una piccola antología.

79) Felipe Neri

Soneto para un jugador de ajedrez

Atención, compañero, a la partida,
pues la puedes perder en un instante.
Al iniciar el juego es importante
afrontarlo de forma decidida.

El Ajedrez es lucha cual la vida,
por ser la Vida un ajedrez constante.
Profundiza mejor. Sigue adelante
y abre la diagonal de acometida.

El clarín del combate te reclama.
¡Y juega fuerte, porque así es la guerra!
Esquiva aquel ardid. La fila, bate.

Ataca ese peón. Salva tu dama.
¡Tú eres el vencedor! El otro, yerra…
Y, como consecuencia, ¡JAQUE MATE!

Felipe Neri, *Veinte sonetos para el ajedrez*, Oviedo, 1985,
p. 25

80) Martín Marcos

Desarrollo y clavada, Ruy López

Érase un rey soberano y trágico
que en su tierra nunca el sol se ponía
un capellán le hacía compañía
dócil, firme, comprensible y táctico.
Era un hombre de Dios, sencillo y práctico
se encontraba a sí mismo en sintonía
de la paz apacible que bullía
vino a caer en un juego sarcástico.

Ruy López conocía la apertura
que otros muchos llaman la española
por lo mucho que tiene de bravura.
Como el rojo color de la amapola
como fruta álgida y madura
la reina enemiga queda sola.

Juan Antonio Montero, Martín Marcos, sonetista de ajedrez
(...) 20-marzo-2008.

81) Felipe Neri

Soneto a Philidor (48)

Danican Philidor, eres la gloria
del ataque feliz de los peones.
Estás eternizado en los salones.
Y aquí la Enciclopedia se hace historia.

Entre pelucas blancas tu memoria
suena a violín dorado de ilusiones.
Músico germinal de cien canciones,
tienes clara firmeza ejecutoria
y aplicas su estrategia en cada caso.

Un peón es más fuerte que una dama.
¡Esto es la Revolución! ¡Así es la vida!
Marcha el siglo de luces a tu paso....

Felipe Neri, *Veinte sonetos para el ajedrez,* Oviedo, 1985, p.10

82) Martín Marcos

Steinitz

"Una victoria por una combinación errónea aunque sea espectacular me llena de horror artístico".
(W. Steinitz)

No sé por qué, por algo eres el primero,
el primer campeón que dio la tierra
tanto en la mansa paz como en la guerra
Wilhelm Steinitz, poeta del tablero.

Pobre, noble, bajito y pendenciero.
Firme mirar que al enemigo aterra
y queda hipnotizado y se encierra
en la celda del sabio verdadero.

Aperturas abiertas y cerradas,
sacrificios, gambitos y celadas,
este fue tu regalo a la afición.
Y en la dura final en que perdiste
aún se recuerda lo que dijiste:
¡Tres hurras por el nuevo campeón!

Los sonetos de ajedrez de Martín Marcos 8/5/2008
Chessbase 15. Noticias de ajedrez (49)

83) Mariano Shifman

Paul Morphy

A mi arribo, ¿qué había en el tablero?
Lances y trampas, fuegos de artificio;
la fácil tentación del sacrificio
infundado; recursos de embustero.

Yo fui la exactitud, yo fui el primero
en combinar belleza y justo juicio:
mis planes transformaban en novicio
al táctico más hábil y altanero.

Rendí con mi estrategia a toda Europa:
manejando mis lúcidos trebejos
era impensable continuar más lejos.

Y entonces, me nublé: el viento en popa
mutó en borrascas, en partida oscura.
Y me dejé vencer por la locura.

Uno de los tres sonetos que recitó en el *Homenaje a Alfonsina
Storni* de *El barco ebrio, primer viaje*, en Arte en Buenos
Aires, (arteenbaires.blogspot.com>2014/05) 8 may. 2014).

84) Mariano Shifman

José Raúl Capablanca

No sé explicar cuál fácil me resulta
sopesar el valor de cada pieza
e imponer la más bella sutileza
que siempre a los rivales queda oculta.

Mano a mano o reunidos en consulta
venzo a todos con diaria ligereza;
la victoria habitual y sin proeza
a veces se me torna vana estulta.

Disfruto desde niño el claro instinto
de avorizar la conclusión correcta
para otros un arduo laberinto.

El ajedrez fue mi primer idioma
una suave una rauda línea recta
un juguete que casi tomo en broma.

Christian CDL en Twitter mobile.twitter.com/Christian d l 77.

85) Juan Pérez Vecina

Bobby Fischer

Genio en la locura donde dos reyes
se enfrentan trabando sus pensamientos,
Bobby Fischer tambaleó los cimientos
—desafiando la cordura y sus leyes—

de la escrupulosa escuela del acero.
Rebelde, libertario por bandera,
momificó su conciencia en madera
al ser coronado rey del tablero.

Y anda ciego, de invisible arlequín,
buscándose un hueco en el corazón
por malvender su alma al ajedrez-diablo

en muertes de espejo que no ven fin.
Ser-no ser. Verdad-mentira. Sí dos.
Nunca tres. Uno sobra. Y DE DIOS no hablo.

Pedro Pérez Vecina, *64 poemas de ajedrez,* Ayuntamiento de Petrer, Ayuntamiento de Elda, Caixapetrer, 2005, p. 91.

86) Mariano Shifman

El Zeitnot (50) de Kasparov

Durante veinte años de reinado
miraba fijo y el rival huía;
si aguantaba mi fiera batería,
su rey caía preso o fusilado.

A los cuarenta y dos (quién lo diría)
llegó Kramnik, y el tiempo de su lado,
y me tocó perder: con el pasado
a cuestas y con toda mi maestría.

Ahora, que ya cuento los cincuenta
y tantos, nadie ve con más hondura:
a Caruana, Aronian y Nakamura

los habría anegado en mi tormenta...
en los noventa. Hoy el almanaque
me hunde en la zozobra al primer jaque.

Christian C. De Luca on Twitter
15-set-2019.

2.3.3. Sonetos panegíricos (51)

2.3.3.1. Loas prologales de tratados italianos

87) Horatio Persio

Soneto del dottor Horatio Persio All'Autore

Stimo l'Antica Roma eccelsi, e degni
Via più che gli altri assai, quei Duci invitti,
Che vincendo nei belli conflitti
Men sanguinasi fer di Marte i sdegni.

Hor mentre tù sù gli alternati legni
D'un nero, e un bianco, quasi in campo astritti
Rendi Fanti, Cavai, Donne, e Re aflitti
E vinti; e pur non han d'offesa i segni,

Qual glorie, e Palme, e quasi Colossi, et Archi
Devè ò SALVIO gentil sacrati il mondo
Via più ch'ai Duci suoi Roma non fece?

Tutti gli encomi di quà giù son parchi,
E à tuoi gran merti disseguale pondo
Ma tutto ciò d'immensa lode è invece.

Estimo a la antigua Roma, eminentes y dignos
mucho más que los demás, comandantes invictos,
que venciendo en hermosos combates
mejor es sangrar que ser de Marte indignos.

Ora mientras estás en el tablero alterno
de negro y blanco, casi apretados en el campo
afliges a Peones, Caballos, Damas y Reyes
vencidos; y a pesar de todo no se muestran ofendidos,

qué glorias, palmas, casi colosos, y arcos
debería, Oh Salvio, con cariño darte el mundo
más que Roma con sus generales hizo.

Todos los encomios de aquí abajo son parcos
y tus grandes méritos tienen desigual peso
pero todo esto es, en cambio, un inmenso elogio.

Trattato Dell'inventione... del dottor Alessandro Saluio... (Op. Cit.)
(Primero de los sonetos laudatorios en las páginas iniciales, sin paginar).

88) Giovan Domenico d'Arminio

Soneto en elogio de Alejandro Salvio por su Trattato

Tu del Magno Alessandro, e l'opre, e'l nome,
In piccol Campo mostri, e'n vive carte;
Mentre ne scopri gli ordini di Marte,
Onde de lui tante Città fur dome:
Ivi ordinar le squadre, insegni, e come
L'Hoste assalir si debba, e da qual parte.
Hora porsi à difesa, hora con arte
Riportarne vittoria, e ricche chiome:
E quasi Tromba, ch'a battaglia incita
Gli huomini desti con sonori carmi
Alla virtù c'hai co'l dileto unita.
Onde sei degno in Moli, in Bronzi, e'n Marmi
A par del grande Heroe, d'eterna vita:
Norma tu de gli Scacchi: egli dell' Armi.

Tú de Alejandro Magno, las obras, y el nombre,
en pequeño campo muestras, y en vivas jugadas;
mientras descubres las órdenes de Marte,
donde por él muchas ciudades fueron domadas:
allí a ordenar las escuadras, enseñas y cómo
al enemigo se debe atacar, y de qué lado.
Ora ponerse en defensa, ahora con arte
regresar con la victoria y los penachos:
es cual trompeta, que incita a la batalla
y a los hombres despierta con versos sonoros
a la virtud que has unido con el gozo.
Donde eres digno en Piedra, en Bronce y en Mármol
a la par del gran Héroe, de eterna vida:
Modelo tú del Ajedrez: él de las Armas.

Alessandro Salvio, *Trattato dell' Inventione...* (52) *(Op. Cit.)*
(Tercero de los sonetos panegíricos en las páginas iniciales sin
numerar).

89) Del Sig. Conte Marc' Antonio Ceveris

Al signor Dottor Francesco Piacenza Eccellente Maestro del Giuoco degle Scacchi, & Inventore dell' Arciscacchire (53) **Sonetto**

Campo gentil d'effigiate schiere
Apri Signor, ne le tue dotte carte;
Ove innocente, & ingegnoso Marte
Guerra de la ragion rende'l piacere.
Qui prevende'l pensier l'altrui pensiere,
E ferise, e fà scudo in varia parte;
E perche qui sola fortuna è l'arte
Sono in finta tenzon glorie più vere.
Or Vincitor prodigiòso, e strano
Scorpi nove battaglie, e novi Regni
D'altro gioco guerrier fabro fournaro.
Ma per mover' in guerra armati segni
Miglior della tua penna è la tua mano
E più vincendo, che feriendo insegni.

Del Sr. Conde Marco Antonio Ceveris, <u>Al Doctor Francesco</u> <u>Piacenza Excelente Maestro del Juego de Ajedrez, e</u> <u>Inventor del Arciscacchiere.</u> Soneto

Campo apacible de efigiadas filas
abres Señor, en tus sabias jugadas;
donde inocente e ingenioso Marte
de la razón al placer hace la guerra.
Aquí prevé el pensamiento de los demás el pensamiento,
y hiere y escuda algunas partes;
y porque aquí solo la fortuna es arte
hay en la falsa contienda glorias más reales.
Ora Vencedor prodigioso, y curioso
descubres nuevas batallas y nuevos reinos
por otro juego guerrero forjado.
Mas para guerrear con figuras armadas
mejor que tu pluma es tu mano
y más enseñas ganando, que hiriendo.

I campeggiamenti degli scacchi, (...) Del Dottor di Lege Francesco Piacenza (...), In Torino, Per Antonio Beltrandi, 1683, p. 12.

90) Carlo Darmello

In lode del medesimo Famoso Giucatore di scacchi Del Signor Abbate... Sonetto

In bel divino, e dilettevol campo
Con due squadre d'avorio, armato stai,
E mentre anch' io l'emole schiere accampo
Con feroce diletto in guerra vai.
Contro di te che val riparo, ó scampo?
Si bel l'ofesse, e le difese sai,
E così fei ne le vittorie un lampo
Che se tardi non vinto, hò vinto assai.
Ma quando in campo il tuo valor m'assale
Non è (prode guerrier) come douria
Pari la pugna, e la fortuna uguale:
Ogn' arte mia se te prevedi pria
Io sol de la miamente uso lo strale,
Tù con la tua combatti, e con la mia.

En alabanza del mismo Famoso Jugador de ajedrez del Sr. Abbate... Soneto

En hermoso, divino y encantador campo
con dos escuadrones de marfil estás armado,
y mientras yo, también, a mis tropas acampo
con feroz deleite a la guerra vas.
Contra ti ¿qué vale un refugio o una fuga?
Si bien las ofendí, y las defendí,
y así en las victorias hice fulgor
que si después no venzo, mucho vencí.
Mas cuando en el campo tu valor me asalta
no es (guerrero valiente) como debería
igual es la batalla, e igual la suerte:
Todo mi arte si lo prevés primero
yo solo de mi mente uso la flecha,
tú combates con la tuya, y con la mía.

I campegiamenti..., Op. cit, p. 20.

2.3.3.2. Otros elogios

91) P.C. (anónimo), XXI

Egle, dottisima giocatrice di scacchi

Vinto mi dico; e per mia gloria basti
D'aver pugnato teco, abil guerriera,
Amazzone di scacchi, che nei fasti
Del gioco vai di mille palme altera.

Degli assalti più bei la mole intera
Con una mossa all'avversario guasti,
Con altra nell' aspetto lusinghiera
Per accrescerti onor cresci i contrasti.

Quando al tuo re sembra che manchi il varco
Ad ogni scampo, con insidie ignote
Ecco il nemico di sconfitta carco.

Tu vincitrine non mai vinta, degno
Rival non trovi. Tenzonar chi puote
Teco nell' opre di valor d'ingegno. (54)

P.C. (anónimo), XXI

Egle, doctisima jugadora de ajedrez

Vencido me declaro; y baste para mi gloria
contigo haber luchado, hábil guerrera,
amazona del ajedrez, que en los fastos
del juego llevas mil palmas majestuosa.

En los asaltos más bellos el grueso entero
con un movimiento al adversario quiebras,
con otro, te muestras aduladora
para acrecentar tu honor, acrecientas las diferencias.
Cuando a tu rey parece que le falte una brecha
en la escapada, con malicias desconocidas
llega el enemigo de derrota cargado.

Tú vencedora nunca vencida, digno
rival no encuentras. Contender quién pudiera
contigo en obras de valor de ingenio.

Di Egle ad Egle per Egle. Sonetti, composti a foggia di estemporanei da P.C., Padova nel Seminario, MDCCCXV, p. 27.
(Canzoniere compuesto con motivo de las bodas Suman-Roberti, dedicado a la condesa Laura Negri Roberti)
(El libro puede encontrarse en varias webs, como la: https: // books.google.es>books).

92) Martín Marcos

Che Guevara

*"Tú sabes, camarada Pachman que no disfruto al ser ministro,
preferiría jugar al ajedrez como tú lo haces".*
(Ernesto Guevara)

Camarada, compañero, guerrillero
que naciste en Rosario de Argentina,
tu causa fue también la causa andina,
un ejército rebelde y pionero.

Sin embargo tú querías un tablero
no importaba que fuese en la cantina
era una forma de ejercer disciplina
y encontrar la verdad por otros fueros.

Tú ya sabes comandante Che Guevara
los esfuerzos que exige el pensamiento,
el fruto que da la tierra si se ara.

Nos dejaste un enigma con tu muerte
o sembraste un estigma con tu suerte:
Música, sonrisa, fuerza, movimiento.

En la citada web Los sonetos de ajedrez de Martín Marcos
Chessbase 15. Noticias de ajedrez (2-IV-2008).

93) Javier Asturiano

(55) **Gran Maestro**

Heroico gladiador de mil culturas,
espejo de saber y chispa humana
que con paciente esfuerzo teje, hilvana
delicados compases de figuras.

Profundo navegante de aguas puras
en mágico navío de arte arcana,
que en batallas sin fin pinta, desgrana
combinados retazos de hermosuras.

En tu constante vislumbrar interno
busca encontrar esencia que rezume
del complejo entramado de su frente.

¿Sueña quizá en alcanzar lo Eterno
o la ansiada Verdad mientras consume
pequeñas mariposas de la mente?

De la web Escacs i escacs de Roger Salvo
www.axiomarg.blogspot.com/search

94) Enzo Giudici

(56) Al Maestro

O Maestro, o Maestro, ove n'andaro
i suoi consigli e i Suoi suggerimenti?
A impararli i miei spiriti son lenti
e a scacchi so giocar come un somaro.

Mi tolga presto il Suo saluto, o caro
Maestro, e più non creda ai giuramenti
miei di rifarmi; sono infranti e spenti
quegli astri che agli scacchi m'invogliaro.

Declinò la mia stella, se pur mai
nacque, e rotti i miei pezzi se ne vanno
come pecora matte o come schiere

d'aterrite forniche, e non v'è Alfiere,
non v'è Cavallo che da tanto affano
levi me stesso ed il mio Re dai guai.

Oh Maestro, oh Maestro, ¿adónde fueron
sus sugerencias y sus consejos?
En aprenderlos mis espíritus son lentos
y al ajedrez sé jugar como un borrico.

Retíreme pronto su saludo, querido
Maestro, y no crea más en juramentos
míos de mejorar; están destrozados y apagados
esos astros que al ajedrez me acercaron.

Mi estrella declinó, si alguna vez
nació, y mis pedazos rotos se van
como ovejas en jaque o como tropas

de hormigas aterrorizadas, y no hay Alfil,
no hay Caballo que de tanta preocupación
nos saque a mi Rey y a mí de los problemas.

En el blog: La Magia del Ajedrez de F. Figueroa.

2.4. SONETOS LÚDICOS (57)

95) Lope de Vega

Dichoso el oficial que entre la pez...

Dichoso el oficial que entre la pez
come con gusto el más sabroso arroz,
y sin buscar jarritos de Estremoz
le sabe a almendras la caliente nuez;
y dichoso el que juega á la ajedrez
por excusar de la ordinaria coz,
y dando mate sólo con la voz,
le temen desde el Ganges hasta Fez;
y desdichado yo don Alumbriz,
pues siendo bien nacido como Acaz,
no he podido comer de tu alcorcuz;
dícesme zape cuando digo miz;
y cuando entiendo me has de dar solaz,
me quedo a oscuras sin mirar tu luz.

Soneto puesto en boca de Funes, un gracioso de *Audiencias del Rey Don Pedro (II)*
Obras de Lope de Vega publicadas por la Real Academia Española, Tomo IX, Crónicas y leyendas dramáticas de España, Tercera sección, Sucesores de Rivadeneyra, Madrid, 1899, p. 460.
(En otro soneto de *Pastores de Belén*, con versos terminados en z, también aparece el ajedrez).

96) L'Affricano (Prof. E. Pincherle)

La strana coppia (Indovinello)

Coppia non vidi mai peggio assortita
Di quella che, lettori, vi presento.
Coppia reale a ognum chiamarla sento
Benche' sul trono non sia mai salita.

Ella e' vivace, belicosa, ardita,
E qua e la trascorre ogni momento.
Egli il pie' muove sospettoso e lento
Come chi da timor l'alma ha impedita.

Eppur non ha ragion d'aver paura
Perche' ha d'intorno sudditi leali,
Ne' puo', com'essi, mai temer cattura.

Dai malori dei miseri mortali
Il suo forte lignaggio l'assicura,
Ma va soggetto a malattie mentali.

El Africano (Prof. E. Pincherle)

La extraña pareja (Adivinanza)

Nunca vi una pareja más dispar
que aquella que, lectores, os presento.
A todos pareja real oigo llamar
aunque nunca al trono se subieron.

Ella es vivaz, guerrera, osada,
y de aquí para allá pasa cada momento.
Él mueve el pie desconfiado y lento
como quien al alma con temor impide.

Y sin embargo, no hay razón para asustarse
pues a su alrededor tiene súbditos leales,
ni puede, como ellos, temer ser capturado.

De las dolencias de los pobres mortales
su fuerte linaje le asegura,
pero está sujeto a las enfermedades mentales.

L'Italia Scacchistica dal 1911 la rivista dello scacchista
italiano. Enigmistica scacchistica
(Da Favilla Enigmistica, 1914).

97) Livio Lucarelli

Il palio di Siena (Indovinello)

Il momento fatidico e' arrivato!
La citta' dai colori bianco neri
Il campo di battaglia ha preparato
Dove scendono in lizza i cavalieri.

Ogni rion la schiera ha gia' formato:
Son otto fanti e stanno in riga fieri
E l'adorno vessillo ha consegnato
A' suoi portastendardi giocolieri.

Superbo agone per la grande gesta
La piazza dove sorge l'elegante
Torre del Mangia, in ambo i lati e' piena.

In mezzo al folto assistono alla festa
Anche il Re, la Regina... in questo istante
Ecco la mossa e tutto si scatena.

El palio de Siena (Adivinanza)

¡El momento fatídico ha llegado!
La ciudad de los colores blanco y negro
el campo de batalla ha preparado
donde a la arena salen los caballeros.

Los barrios ya han formado sus tropas:
Son ocho infantes, alineados y orgullosos
y el estandarte adornado han entregado
a sus juglares portaestandartes.

Excelente campo para la gran gesta
la plaza donde se alza la elegante
torre de Mangia, por ambos lados está llena.

Entre la multitud asisten a la fiesta
también el Rey, la Reina... en un instante
llega la jugada y todo se desencadena.

Pubblicato da "Il Resto del Carlino" 1937
L'Italia Scacchistica Enigmistica scacchistica
http://www.italiascacchistica.com/a_enigmi.htm.

98) W. William

A chess player's farewell to Gunsberg (Soneto acróstico)
(58)

In ancient times the bravest Knights, we read in olden story,
Sailed across to distant lands, in search of fame and glory,
In tourneys challenging many foes, despite their rank and
station,
Dealing out death with fierciest blows, in honour of our nation.
Our champion now across the seas, in bloodless fight we're
sending,
Return may he a conqueror, through many a skilful ending.
Go, gallant Gundsberg, through the foe, be Steinitz champion
player,
Universal here's the carnest wish, that you may prove his
slayer,
Now, keenly all will watch the strife, note each deep thrust and
parry;
Shearching for new forms of defence, or attacs that don't
miscarry.
But Chess, like li, fe, uncertain is, and should you prove
unlucky,
E'en then consolation have, in knowing that you're plucky.
Review then all your forces, and the combat will be glorious,
Go, shine for Merrie England, and soon retourn victorious.

La despedida de un jugador de ajedrez, Gunsberg

En tiempos antiguos los caballeros más valientes, leemos en
[una antigua historia,
navegaron hacia tierras lejanas, en busca de fama y de gloria,
desafiando a muchos enemigos en torneos, a pesar de su rango
[y posición,
sembrando muerte con los golpes más feroces, en honor de
[nuestra nación.
Nuestro campeón ahora a través de los mares, enviado a una
[lucha sin sangre,
puede regresar quizá victorioso, tras muchos finales hábiles.
Ve, gallardo Gundsberg, aunque tu enemigo sea un campeón
[como Steinitz,
aquí está el deseo de todos, que tu seas quien lo derrote.
Ahora todos observarán con atención la lucha, se fijarán en
[cada profundo ataque y rechazo;
buscando nuevas formas de defensa, o ataques que no fracasen.
Pero el ajedrez, como la vida, es incierto y si resultas ser
[desafortunado,
incluso entonces habrá consuelo, sabiendo que eres valiente.
Revisa por ello todas tus fuerzas, y el combate será glorioso,
ve, brilla para la feliz Inglaterra, y regresa pronto victorioso.

Battersea Chess Club. (Publicado en *Chess Player's
Chronique,* 29 de nov. de 1890, p. 275.)

99) Daniel Tubau

Movimiento en el espejo

El que ligero navegar pretende
ni a vientos contrarios confiado
darse a la vela debe ni osado
arte y ciencia presumir que entiende.

También quien al Helicón asciende
si a la décima musa no ha implorado
en jaque mortal e inesperado
un cetro verá como desciende.

Pues el aviso alejandrino atiende:
sirenas, Circe y de Alcino el estado,
el Hades, los cíclopes son lo logrado;
regresar no, si esto se entiende:

Ítaca inicio es, no fin para el viajero;
Matar al rey; causa, origen, sendero.

Blog: wordpress.danieltubau.com/movimiento-en-el-espejo-2/
(En esta web explica el soneto y el juego poético con su amigo)

100) Publicado por Olavide en el Boletín 13-14 del Campeonato de España de 1957 celebrado en Zaragoza,

Un soneto me manda hacer Romero,
y nunca las he visto tan moradas,
¿cómo cantar en verso las jugadas
o los cuatro rincones del tablero?

No encuentro consonantes. ¡Desespero!
¿Podrán servir, acaso, las celadas,
o los jaques, gambitos y clavadas
para sacarme del atolladero?

¡Ya he pasado el control! Ya sólo quiero
dar buen mate a esas rimas desmañadas
sin que la propaganda se me olvide.

Y acabaré la prueba sin un cero
si aprenden diecisiete camaradas
que notación "habemus". OLAVIDE.

Aportado por la web: Escacultura (19-junio-228)
www.javiastu.blogspot.com

3. LISTA DE AUTORES CON EL NÚMERO Y EL PRIMER VERSO DE SUS SONETOS

Agostini, Agostino (78) Silenzio amici, il pensator profondo
Anónimo (a friend) (67) Shall I compare the to a back rank mate?
Anónimo (P.C.) (91) Vinto mi dico; e per mia gloria basti
d' Arminio, Giovan D. (88) Tu del Magno Alessandro, e l'opre, e'l nome,
Arrabal, Fernando (77)... escojo una idea, elijo una apertura
Arteche, Miguel, (25) Esa dama sin cara ni camisa,
Asturiano, Javier (93) Heroico gladiador de mil culturas,
Bandello, Mateo (58) Spesso Madonna a scacchi far m'invita
Bernárdez, Francisco L. (65) Tan unidas están nuestras cabezas
Borges, Jorge L. (3) En su grave rincón, los jugadores
Borges, Jorge L. (4) Tenue rey, sesgo alfil, encarnizada
Bracciolini, Francesco (45) Su lo scaccchier di questa nostra vita
Brito, Bernardo de (60) No jogo de xadrez, que estais jogando
Bustamantc, Erncsto (53) Parecc que perdemos la partida
Cambray, Tomaso (32) Scacchisti, udite! Un' inmortal tenzone
Campbell-Kease, John (63 "Knight to King bishop three!, your quiet words
Capdevila, Arturo (47) ¡Jaque!... Gran juego, ¡y cómo se parece a la vida!
Carulo, Enfero y Luis Marín (42) ¿Es hermoso el camino hacia la muerte?
Carulo, Enfero y Luis Maín, (43) "¡Ya empezó la matanza, esto es muy duro.
Carulo,Enfero y Luis Marín, (44) Sitúo en esta torre una difusa
Casado, Agustín (15) Vencido como un viejo que pierde al tute
Ceveris, Marc' A. (89) Campo gentil d'affigiate schiere
Costes, M. (35) La lutte est acharnée et l'astre incandescent

Courant, Alex (55) Cual pieza de ajedrez han caído los años
Darmelo, Carlo, (90) In bel divino, e dilettevol campo
Delaue-Mardrus, Lucy (8) Invite aux tours de passé-passe,
Delgado-Iribarren, Francisco (19) El ajedrez, tal vez, no tiene meta
Delgado-Iribarren, Francisco (69) Las blancas eres tú cuando me miras
Delgado-Iribarren, Francisco (70) Al principio fui torre que sostuvo.
Diego, Eliseo (23) Quien dice alfil dice elefante,
Diego, Eliseo (24) ¿No eres tú acaso reina del vacío,
Díez-Canedo, Enrique (64) Como es un noble juego y señorial
Enfero Carulo y Luis María Pérez (42) ¿Es hermoso el camino hacia la muerte?
Enfero Carulo y Luis María Pérez, (43) "¡Ya empezó la matanza, esto es duro
Enfero Carulo y Luis María Pérez (44) -Sitúo en esta torre una difusa
Josep Fàbrega (41) Aquest tauler d'escacs amb tres figures
Frías, Rafael, (40) Llego a la mesa, saludo y me siento,
García, Antonio (38) Por el tablero avanzan los peones
Garcia, Francesc V. (Rector de Vallfogona) (59) Ai, ai! Mal hajau vós, dama de escac
García, Luis, (73) Dura ya medio siglo esta partida
Geofilo, Daniele (2) Non la Troiana, ò Cannea bataglia,
Giambullari, Pier F. (61) Simile è l'amor mio di Scacchi al gioco
Giudici, Enzo (94) O Maestro, o Maestro, ove n'andaro
Fábrega i Selva, Josep, (41) Aquest tauler d'escacs amb tres figures
Fajardo, Ibrahim, (13) El ajedrez es pues el noble juego
Harwood, Gwen (6) Nighfall: the town's chromatic nocturne wakes
Juncal, Soreya (11) Nacido el ajedrez en una cuna

Lallana, Francisco N. (26) Allí está, alto y erguido en el centro del tablero
Lucarelli, Livio (97) Il momento fatidico e' arribato!
Marcos, Martín (80) Érase un rey soberano y trágico
Marcos, Martín (82) No sé por qué, por algo eres el primero
Marcos, Martín (92) Camarada, compañero, guerrillero
Marçal, Maria M. (74) La mort t'ha fet escac i mat sense retop.
Margarit, Joan (56) Un home gran a qui el que més agrada
Martos, Marco (9) ¿Ciencia? ¿Es sólo técnica del arte?
Martos, Marco (10) De nada sirve andar por los tableros
Member of the Cambridge University Chess Club (5) How doubly to bear into the field
Mercadé, Josep (17) Guerra ferotge sense plom ni sang
Mercadé, Josep (18) Diuen que el savi Sissa el va inventar
Miles, John A. (62) Miron and Phania, on your bridal day,
Monti, Enzo (75) Lo sguardo assorto e il volto teso
Mora, Lobo, (39) Ejército cristiano está en un lado
Morguenstern, Christian, (34) Dem edlen Scach vergleich das Sonnet,
Murciano, Carlos (66) Las blancas para ti –luego tú sales–
Nabokov, Vladimir, (29) Я не писал законного сонета, (I do not write by the sonnet's law;)
Neri, Felipe (81) Danican Philidor, eres la gloria
Neri, Felipe (20) Problema de ajedrez. Gran aventura
Neri, Felipe, (79) Atención, compañero, a la partida
OLAVIDE (100) Un soneto me manda hacer Romero
Orozco, Juan, (27) Negro jinete de la muerte cruenta,
Orozco, Juan, (28) Encaramada en la redonda esquina
Oliver, Carilda (72) Ha llegado el dolor violentamente
Otero, Blas de (71) Han pasado los años: sigo vivo,
Passager (12) La case noire ou blanche, accueillant la piétaille,
Paterson, Don (52) In films, the end will como as a surprise
Pérez Vecina, Juan, (85) Genio en la locura donde dos reyes
Pérez, Pedro (14) Sobre el lienzo del tablero

Pérez, Pedro (22) Sí; son los peones racimos de fruta exquisita.
Persio, Horatio (87) Stimo l'Antica Roma eccelsi e degni
Pincherle, E. (L'Africano) (96) Copia non vidi mai peggio assortita
Preston, Frank (48) The life of man is life a game of chess,
Quadri, Néstor, (54) En el monitor, dos bandos de distintos colores
Ragaglia, Salvatore (76) Quando de luso il cor cede agli attachi
Salimbelini, Niccolo (57) Dugento scodellin de diamante
Salman, Fátima, (16) Chess is a wonderful game
Salvio, Alessandro (1) Re, Donne, Alfier, Cavalli, Rocche, e Fanti
Salvio, Alessandro (30) Sfidomi a Scacchi il gran Leonardo, e volse
Santos, Héctor O. (50) Pieza tocada debe ser movida
Santos, Héctor O. (51) Yo juego mi partida malamente
Shifman, Mariano (83) A mi arribo, ¿qué había en el tablero?
Shifman, Mariano (86) Durante veinte años de reinado
Shifman, Mariano, (84) No sé explicar cuál fácil me resulta
Silcock, T.H. (7) Immortal game from the Orient brought
Solway, David (49) The fiscal bishops tear their mitred air,
Tedaldo, Nicolo A. (31) Di real tenzon, mentre invaghito
Tubau, Daniel (99) El que ligero navegar pretende
Vázquez, Esther L. (33) Encuéntranse en el llano, frente a frente
Vázquez, Francisco (36) Cada pieza se hallaba ya en su escaque
Vázquez, Francisco (37) La Guerra era feroz y sin cuartel;
Vega, Lope de (46) Jaque de aquí con este santo Roque,
Vega, Lope de (95) Dichoso el oficial que entre la pez
Vergés, Gerard (68) Us asseguro que amb un sol alfil
William, W. (98) In ancient times the bravest Knights, we read in olden story

Warner, William (21) Here are the soldiers of the checkered field.

NOTAS

1) En mi biblioteca atesoro más de 600 novelas en las que el ajedrez está muy presente.

2) Angelo Marchese, Joaquin Forradellas, *Diccionario de retórica, crítica y terminología literaria,* Ed. Ariel, Barcelona, 1986, p. 389.

3) Traduzco del catalán de: Jaume Medina, *L'art de la paraula. Tractat de retòrica i poètica,* Ed. Proa, Barcelona, 2000, p. 255.

4) Me he atrevido a introducir dos sonetos míos que resumen algunas ideas de la conferencia pronunciada con el título de *Els escacs a la literatura* y que se puede consultar en You Tube aunque posteriormente la he completado, ampliándola notablemente.

5) Ponía Eliseo Bayo en lugar de Eliseo Diego (p. 14) y Waldo Ríos donde debía figurar Waldo Rojas (p. 21). Por supuesto que no confundo a Eliseo Bayo con el poeta Eliseo Diego y al compositor Waldo de los Ríos con Waldo Rojas. Descuido imperdonable.
Agradezco la documentada reseña de Jesús Cabaleiro en: https.periodistas-es.com>ajed...

6) He ubicado en ese primer capítulo el soneto dedicado al problema de ajedrez de Felipe Neri, que no describe propiamente qué es el juego.

7) No asoma en esos sonetos el aspecto aristocrático del ajedrez que, en la Edad Media y algunos siglos posteriores, era jugado preferentemente por clérigos y nobles mientras que los plebeyos jugaban a los dados y, luego, a los naipes.

8) Alude a las denominaciones inglesa (bishop) y francesa (fou) de la pieza y a que algunos autores, como Lope, lo describen como un pérfido traidor.

9) *¡Ajedrez!* Consta de treinta y seis sonetos: uno por cada una de las piezas del juego, más cuatro alusivos al tablero.
El autor, según palabras de Rocío Biedma, traza "una cosmogonía donde los jugadores se desafían, valiéndose de sendos ejércitos en una arquetípica batalla del bien y del mal en el mundo".

10) Hay muchas ediciones tanto del poema épico latino de Girolamo Vida, *Scachia ludus*, como del poema en catalán de los valencianos Vinyoles, Castellví y Fenollar, pero es más problemático encontrar el texto del poema francés: Jean Joseph Therese Roman, *Les échecs, poeme en quatre chants*, A París, Chez Leopold Collin, Libraire, 1807. Yo la tengo en edición facsimilar de Kessinger Legacy Reprints.

11) J.J.T. Roman, *Op. cit.* p. 51.

12) Autor de muchos dramas y poesía varia, en la que destacan el poema épico *Croce racquistata* y el burlesco *Dello scherno degli Dei*. De los sonetos dedicados "a la mia Lena amata", 75 son en vida y 35 a su muerte.

13) El tema del poder igualatorio de la muerte (Danzas de la muerte, etc.) también es esgrimido por el autor en los primeros

versos de su drama *Monserrato* (1629), puestos en boca de la muerte. La utilización del ajedrez para sostener esa igualdad *post mortem* tiene una larga tradición (Omar Kayyam, moralidades medievales de Juan de Gales e Inocencio III, siete pasajes de Lope, el Quijote (II, 12).
Algunos autores, como Rois de Corella o Ausias March añaden que las piezas mayores (reyes...), al pesar más, se colocan al fondo del saco. Por ello, las Lenas Fornaias estarán por encima de Carlos Quinto.

14) Eduardo Scala tiene interesantes reflexiones en torno a esa tesis de que, en ajedrez, siempre luchamos contra nosotros mismos. Dos hermosos sonetos de Delgado-Iribarren, "Dios y Lucifer" y "El mundo es un tablero" (*Op. cit.* pp.82-83) también describen esta contienda espiritual-ajedrecística.

15) Shylock, el judío prestamista de *El mercader de Venecia* de Shakespeare, se ha convertido en la imagen arquetípica del banquero usurero. Aquí, siendo un simple peón (Pawn), tiene en jaque a todo un reino.

16) El precioso poema "Ajedrez" de Waldo Rojas se basa en esas escenas de *El séptimo sello.*

17) Es conocido su ocurrente "Himno patafísico al ajedrez".

18) Puede leerse en el blog de Gustavo Tisocco: Mispoetascontemporaneos2.blogspot.com/201

19) Sobre los aspectos humanísticos de su tratado y sus marrulleros consejos para vencer al adversario Cf. mi artículo: "Ruy López, un astuto y bélico humanista", en *Peón de Rey*, oct. 2003, Nº 23, pp. 56-58. La lectura de su tratado me

convence de que no era tan bondadoso como lo pinta el soneto de Martín Marcos.

20) Ruy López lo había ganado en las dos primeras partidas pero Il Puttino le venció en las otras tres, ganando el torneo y siendo recompensado espléndidamente por Felipe II. Wikipedia transcribe la partida ganada por Ruy López. A. Salvio, en la obra que citaremos, narra la novelesca vida de Il Puttino.

21) Igualadas las siete primeras partidas, cometió un inexplicable error y perdió las cuatro últimas, muy mermado de salud. Murió en un asilo mental en 1900.

22) En julio de 1991 asistí a un curso de verano de la Universidad Complutense dirigido por Kasparov en El Escorial con el título de *Las otras caras del ajedrez*. Simultáneamente impartía otro sobre política.
Mi amigo Ricardo Calvo me había invitado a él y durante una semana me senté en la mesa con mi amigo, con Kasparov y con... ¡Campomanes! Puedo dar fe, por tanto, de la vitalidad y de la mirada penetrante del campeón de las que habla el soneto.
Mi vinculación con Kasparov había empezado en 1987, cuando disputó su corona de nuevo contra Karpov en Sevilla, y, con esa excusa publiqué mi primer artículo en La Vanguardia sobre ajedrez y literatura. Vendrían luego casi treinta sobre el mismo tema en varias publicaciones.

23) Anotemos que la poesía está muy presente en esos tratados. El de Salvio, por ejemplo, cuenta con tres largos poemas de su hermano Carlos que ocupan buena parte de su obra.

24) *Il gioco de gli Scacchi di Pietro Carrera diviso in otto libri (...)*, Per Giovanni de Rosi da Trento, MDC.XVII. En el libro

primero, capítulo cuarto, de su tratado dice:... "la superiorita dell'ingegno, la cui viveza, credo, especialmente si conosca in due professioni, nella Poesia, e nel gioco de gli Scacchi, perchè l'anima di essi è l'invenzione, laquale quanto piu bella, e acuta si scorge, tanto magiormente fa più degno il Poeta, e'l giocatore; (...)Il Poetare, e'l sapere del gioco sono ugualmente dono della natura, le quali virtú non possono acquistarsi perfettamente co'libri senza la naturale inchinazione". (pp. 58-59)

25) En la presentación de su *Trattato...* Napoli, 1604, ya aportó este soneto.

26) Hay muchos ensayos sobre el ajedrez en la obra de Borges, como el de Sergio Negri, "El ajedrez en el universo de Borges" en la página de Ajedrez 12. Y también sobre estos sonetos, como el elemental de Susana Marín (https://poemario.org/ajedrez) o el más completo de Camilo Fernández Cozman, "Lectura del poema "Ajedrez" de Jorge Luis Borges", ambos consultables en Google.

27) Hay un excelente ensayo colgado en internet de José María Rodríguez García sobre este soneto: "El soneto "Ajedrez (II)" de Jorge Luis Borges, notas para una lectura pragmática de *El hacedor* (1960)"

28) En otro soneto de *La Rosa profunda,* Borges esboza una idea similar:
   Las piezas de marfil son tan ajenas
   al abstracto ajedrez como la mano
   que las rige. (*Op. cit.* p. 451)

29) El autor incluye otros sonetos en su libro: Las torres, p. 69; La dama, p. 71; El Rey, p. 73; La leyenda, p. 75; La mesa p. 77; Las planillas, p. 81; La profecía, p. 85; Bobby Fischer p. 91;... y Alekhine, p. 91; Ruy López de Segura, tres de ellos son sonetillos, como el de esta página.

30) Aunque he impartido clases de enseñanza de la poesía y ganado el concurso de poesía de Nou Barris, y el de mejor poemario infantil de la ciudad de Nules, no tengo publicado ningún libro de poesía salvo dos de adivinanzas.

31) Los cuartetos aluden a dos leyendas fundacionales del ajedrez, la más conocida es la de la recompensa pedida por su invención, un grano de trigo en la primera casilla, dos en la segunda, etc. que todo el trigo de la tierra no podría satisfacer.

32) Los sonetos 96 y 97 (adivinanzas) y los sonetos 4, 8, 17, 41, 43 y 76 podrían figurar también en ese segundo apartado.
Delgado-Iribarren también dedica sonetos a la reina, al rey, al alfil, al caballo y al peón, a los que concede voz propia, y recopila su función en "Los valores", "El ejército" y "La guerra". Con otros dos retrata a dos peones singulares.
El poemario *Ajedrez* de Juan Orozco también dedica 14 sonetos a peones, 4 a caballos, alfiles y torres y 2 a reyes y reinas.

33) El largo poema tiene VIII fragmentos. De ellos, el dedicado a las torres (IV) y el VIII, que lamenta la muerte de Enkidu, también son sonetos.

34) Los sonetos 17, 21 y 66 también podrían figurar en ese apartado 1.3. Por supuesto podrían incluirse en él, varios sonetos de los citados poemarios *Este juego es infinito* y *Andrés y la celada.*

35) Carmelo Coco, en su página VNS (Video Noticiario Scacchistico), Versi e sonetti del seicento, transcribe este gambito de rey, que Salvio comenta en el capítulo XIX de su libro y que aconseja no practicarlo ante un buen jugador.

(36) El soneto describe una partida jugada en 1750 en el Café de la Regencia de París entre Kermur de Légal y el caballero de Saint Brie. El encuentro es conocido como El mate de Légal. En la página 43 se ofrece también la transcripción del juego. También en treviglioscacchi.com. y en : Adolivio Capece, *Gli scacchi nella storia e nell'arte,* De Vecchi, Milano, 2001, p.38.

37) Este soneto del gran poeta alemán, cercano al expresionismo y al *non sense,* (Munich 1871-Merano 1914) es citado en el libro *Liede. Dichtung als spiel,* de Walter Gruyter et al Thorman & Goetch, Berlin, 1963, p. 294.
También lo aporta Nikolaos Karatsioras en *Das Harte und das Amorphe, Das Schachspield als Konstruktions —und Imaginatiosmodell literarischer Texte,* Frank&Timme, Berlin, 2011, p, 35.

38) El autor tiene un tercer soneto al ajedrez: "Prendóse el rey de negras de la dama…"

39) No es un soneto. Al prescindir de los últimos versos del poema, lo parece.

40) El soneto 91 del apartado 2.3.3.2. también podría figurar es este capítulo.

41) El 25 de julio de 1878, se celebraron en América, las bodas de plata de Miron (J. Hazeltine, autor de *Brevity and Brilliancy in Chess, &O.*) con su esposa Phania, autora de *The Final Mate*; y también con Caissa, la diosa del Ajedrez.

42) Díez-Canedo, (Badajoz 1879-Méjico 1944) fue un poeta de encrucijadas, tradicional y moderno, además de crítico literario y diplomático.

43) Francisco Luis Bernárdez fue un notable poeta argentino, maestro del soneto. (Buenos Aires 1900-1978).

44) Gerard Vergés (Tortosa 1931-2014) fue un humanista, profesor universitario, doctor en farmacia, poeta y ensayista. Autor de tres poemarios: *Ombra rojenca de la lloba* (1982), *Long Play per a una ànima trista* (1986) y el de sonetos *Llir entre cards* (1988), al que pertenece el aportado.

45) Carilda Oliver Labra fue una gran poetisa cubana (1922-2018).

46) El libro de la M.M.M. incluye otro poema, más propiamente de ajedrez, que empieza: "I triomfo en la teva desmesura...", p. 481.

47) Podrían incluirse en ese apartado el soneto acróstico dedicado a Gunsberg del capítulo 4 y los panegíricos del capítulo 3.3.

48) En los otros sonetos describe con acierto la personalidad ajedrecística de Ruy López, Andersen, Morphy, Steinitz, Lasker, Capablanca, Alekhine, Euwe, Botvinnik, Smyslov, Tal, Petrosian, Spasky, Fischer, Karpov. Arnoldo Ellerman y Henri Rinck, además de otros dos dedicados a "un jugador de ajedrez" y al "problema de ajedrez".

49) La web incluye un artículo de Juan Antonio Montero: "Martín Marco, sonetista de ajedrez", del cual están copiados los sonetos, y que trae otros dedicados a Ruy López, Shirov y

Julio Granda, que se incluirán en su futuro libro: *Ajedrez de las altas torres,* que constará, dice, de 64 poemas.

50) Zeinot es un término de origen alemán que se refiere al tiempo de que dispone un ajedrecista para hacer sus jugadas. Se podría traducir por "apuro de tiempo".
Mariano Shifman es un poeta argentino (Lomas de Zamora, Argentina, 1969), autor de 3 poemarios y que dice haber escrito más de 1600 sonetos. Dos de ellos dedicados a José Raúl Capablanca: "No sé explicar cuán fácil me resulta..." y a "Los amantes de Caissa": "No se ve, pero portan un estoque...".

51) El poema 98 del apartado 4 también podría incluirse en este capítulo. También los dedicados a los grandes jugadores (3.2.)

52) Esas páginas prologales incluyen un segundo soneto de Hortensio D' Aulisa: "O D'innata virtu, ch'i sacri Carmi...", no aportado.

53) Se refiere al juego de ajedrez inventado por Piacenza con un tablero de 10 X 8 casillas y dos piezas más: el Decurione y el Centurione.

54) Aquí el soneto incluye una nota referente a Giambatista Veri que dedica sus cartas sobre el juego del ajedrez a la Condesa Roberti Franco.

55) El profesor Javier Asturiano, también poeta, es el creador de la web Escacultura. Autor, entre otros, de *República poética,* Murcia, 2009.

56) El académico Enzo Giudici, (Mussomeli 1920-Roma 1985), de ideología cercana al fascismo, es autor de un ensayo

sobre ajedrez: *Il gioco degli scacchi nella letteratura: simbología.*

57) En ese apartado podrían incluirse el soneto acróstico 62 y los graciosos 59, con rima con el fonema K, el 66 y 78.

58) Isidor Gúnsberg fue un gran jugador inglés de origen húngaro que se enfrentó a Steinitz en el Campeonato Mundial de Ajedrez de 1890/91 en Nueva York. Perdió ante él (10,5-8,5) y abandonó el ajedrez competitivo.

Agradecimientos

Querría agradecer a todos los poetas que aparecen en esta antología su autorización para incluir sus sonetos en ella. Con alguno no he podido contactar, por ello le pido disculpas y, si es preciso, sacaré su soneto de una tercera edición del libro en el caso de que se produjera.

También a los dueños de los blogs y de los libros citados donde aparecen.

Y finalmente a mi amigo Jaume Muñoz que me ha ayudado a traducir los sonetos en inglés.

ÍNDICE